A la Bibliothèque
Nationale :
hommage
7 mars 1928.
[signature illegible]

EUGÈNE NOLENT

1879-1916

EUGÈNE NOLENT

Quelques-unes de ses Lettres du Front

(de 1914 à 1916, Février)

Nous avons eu la bonne fortune de posséder les lettres écrites par le lieutenant Nolent, pendant la guerre, à sa mère, Mme Nolent-Neuville, de 1914 à 1916.

C'est donc un. choix de ces lettres que nous publions aujourd'hui.

Nous espérons qu'à parcourir ces lettres, nos Lecteurs y trouveront le même intérêt que nous y avons nous-même trouvé.

Nous espérons également que les anciens poilus qui furent les compagnons d'armes de Nolent, et qui verront leurs noms fréquemment cités dans ces lettres, à l'évocation des heures tragiques et des souffrances communes, voudront bien accorder un souvenir ému à la mémoire de celui qui devait un jour parapher de son sang les pages de ces missives de guerre.

J. L.

29 Novembre 1925.

DÉPART POUR LE FRONT

16 Août 1914 -:- En route pour le Nord

.. Août 1914.

...La population de Sotteville nous a couverts de fleurs au départ et bien des yeux se sont mouillés en nous voyant défiler.

Le voyage a été fort gai, quoique au maximum inconfortable ! Je ne savais vraiment pas à quel point il est pénible de voyager à 40 dans des wagons à bestiaux ! Tout le long de la route, aux gares principales, de charmantes jeunes filles distribuaient des cigarettes, du chocolat, des fleurs, des cartes postales ; nous sommes arrivés ici à deux heures du matin... Nous sommes dans un chef-lieu du département, non loin de la frontière belge. La petite ville, assez étendue, est ennoblie par deux belles places architecturales fort curieuses et un hôtel de ville magnifique. L'entrain est grand, bien que l'on s'approche des frontières dont on ne sait absolument rien...

Nous sommes dans l'armée du général d'Amade.

24 Août 1914. Lillers.

Télégramme. — Envoyez désormais nouvelles : 17e Territorial, 12e Cie, 163e brigade, 82e division.

Première campagne :

5 Septembre : Vandrimare.
4 » Croisy-sur-Andelle.
3 » Bosc-Adeline.
2 » Villedieu-la-Montagne.
1 » Blargès.
31 Août : Pux.
30 » Neufville.
29 » Camon.
28 » Amiens.
27 » Saint-Pol.
26 » Lillers.
20 » Arras.

6 Septembre 1914.
Vandrimare (dimanche).

Quelle jolie après-midi dominicale ! Je t'écris sur une table, dans une ferme normande où de braves femmes bavardent, où les canards coassent et les poules gloussent à l'ombre des pommiers, sous un ciel resplendissant de lumière et de paix... et pourtant avec quelle tristesse au fond du cœur, motivée par l'état général du pays ! Je ne pensais pas que la retraite serait si rapide, l'envahissement si brutal, la déception si profonde ! Nous sommes, nous, en contact avec les Allemands, exactement depuis 15 jours. C'est le dimanche 23 août, qu'à Lillers, pour la première fois, nous avons entendu au loin gronder le canon, dans la direction de Douai, ceci, de midi à une heure.

C'est le lendemain qu'eut lieu l'affaire de Lille... Nous avons quitté Lillers le 27 août, jeudi soir, presque dans la fuite. L'ordre, je l'ai su depuis, avait été donné de nous faire partir au plus vite. Un des bataillons du 17e revenait du Quesnoy, au Nord de Lille, où déjà il avait été en relation avec des patrouilles allemandes. Depuis ce 27 août jusqu'à aujourd'hui, notre vie a été extrêmement pénible et s'est passée sur les grandes routes. Nous arrivions à Saint-Pol, le 28 août, au milieu d'une population affolée, et du désarroi de toutes les autorités. J'avais cependant le bonheur de voir à la gare des uhlans prisonniers et de m'entretenir avec eux. Bien de jolies têtes énergiques et presque élégantes, ces cavaliers uhlans, dont la foule qui m'entourait disait, avec sa générosité particulière : « Quelle sale tête de Boche ! »

De Saint-Pol, le 29 août, nous gagnons Amiens par Abbeville, par le chemin de fer. C'est le 30 août que nous y arrivons, on nous dirige sur une usine de chiffons, à Pont-de-Metz, usine allemande, nous avons su depuis qu'elle appartenait à des Allemands et qu'elle était minée. On nous installe pour dormir sur des tas de chiffons. On nous avertit que c'est désinfecté, n'empêche que c'est répugnant ! Je m'étais installé avec M... et deux autres camarades, dans une maison tranquille au bord d'une petite rivière où l'un de nous prit même un bain. Nous déjeunions tranquillement, malgré le bruit très proche du canon, et l'aéroplane qui nous survolait, quand un adjudant vint nous dire : « Dépêchez-vous ! l'ordre vient d'être donné de partir immédiatement et de s'approvisionner de pain ». J'eus un assez grand espoir.

Le matin j'avais rencontré des Anglais qui m'avaient raconté avoir été battus la veille à Saint-Quentin. Je savais que l'ennemi était proche. Je ne le savais pas si proche encore ! Nous partîmes, pleins de courage. Nous attendîmes longtemps dans un faubourg. La population nous abreuvait. Nous voyions passer des trains chargés de troupes. Enfin, nous entrâmes dans Amiens que nous traversâmes dans toute sa longueur, au milieu d'une population sur ses portes et tendant vers nous tout ce qu'elle pouvait : fruits, sucre, chocolat, tabac et même argent. Un soldat de mon escouade, reçut cinq francs ! A un coin de rue, tout près de la splendide cathédrale, une automobile stationnait. Deux généraux étaient là : il me sembla reconnaître la silhouette du général Joffre.

En sortant d'Amiens, le spectacle devint extrêmement pittoresque. Les larges boulevards étaient pleins d'une animation fantastique. Nous défilions entre les faisceaux d'autres troupes au repos ; des Kabyles et des Marocains, au visage bronzé, qui travaillaient dans les mines de Lens, passaient en groupes compacts.

Et puis, tout à coup, une longue file de voitures, avec des hommes, aux bras et aux fronts bandés, c'étaient des blessés.

C'était là, pour la première fois, la vision tragique de la guerre ! J'interrogeai l'un d'eux. Il venait d'Albert où l'on se battait. Il me cria : « Tout va bien ! » Hélas ! pourquoi n'avait-il pas dit vrai ? Nous marchâmes ainsi jusqu'au soir. Nous nous arrêtâmes un instant et l'on nous fit déployer en tirailleurs.

L'ennemi peut-être était là ! On avait pris des pioches pour faire des tranchées. Nous formons les faisceaux dans un pré en vue de la cathédrale d'Amiens. Il y a un clair de lune magnifique derrière un rideau de peupliers. La basilique se dresse hautaine et sombre, en ombre chinoise sur le bleu du ciel. C'était magnifique ! Nous arrivons à Camon. Je couche chez de braves gens sur un matelas, et je dors mal et nerveusement.

Le dimanche matin 30 août, nous nous mettons en route. Au moment où nous nous ébranlons, nous entendons les obus au-dessus de notre tête. Bruit sec. On voit voler les pierres, on entend des cris. Les soldats se retournent ; des visages pâlissent ! C'est le baptême du feu. Un obus tombe dans le marais que nous allons traverser, cela me fait l'effet d'un feu d'artifice ! Et cela dure deux minutes, cinq au plus. Nous sommes partis. Un aéroplane nous survole. Nous allons par un soleil torride qui en abat beaucoup, occuper derrière un vieux château en ruines, à Boves, un petit bois. Je suis éreinté. J'ai des varices qui me brûlent la cuisse. Pourtant, je vais à deux kilomètres, à la corvée d'eau. En revenant, j'apprends qu'on nous a oubliés ! Nous partons suivis d'une canonnade proche. A Rumigny, on nous dit qu'il faut marcher encore. Il y a vingt kilomètres pour aller jusqu'à Neufville...

7 Septembre 1914.

Je suis enfin nommé sous-lieutenant, à la date d'hier. Je défends au Conseil de guerre, mercredi, à 8 heures, à Bourg-Beaudoin, un inculpé.

18 Septembre 1914.

Hier, longue étape de 30 kilomètres. Aujourd'hui même longue étape. Nous allons balayer le Pas-de-Calais... Les nouvelles, meilleures, nous rendent courage.

22 Septembre 1914.

Nous avons rétrogradé. Nous sommes maintenant en train de fortifier un infect village de Picardie, que nous avons mission de défendre contre l'ennemi qui est assez proche. Nous n'avons, depuis trois jours, aucunes nouvelles de l'extérieur. C... est nommé sous-lieutenant.

On ne m'a remis que ce matin, 23 septembre, l'affreuse dépêche de M. G...

23 Septembre 1914.

L'abominable chose que la guerre, qui sépare tant de cœurs au milieu de deuils cruels !...

27 septembre 1914.

Nous avons eu hier une affaire assez grave, six heures sous la pluie de feu. Une petite éraflure au bras pour moi, 12 hommes perdus par ma section dont un, mort dans mes bras. J'ai supporté vaillamment l'épreuve qui est redoutable ! Quelle effroyable chose que la guerre !...

4 octobre 1914.

Depuis dix jours, nous menons une vie abominable de fatigues et de privations quelquefois, même on peut ajouter, de danger, mais tu peux être tranquille, je suis bien portant au physique et résistant au moral...

La plus dure journée a été celle du samedi 26 septembre, combat terrible, j'ai perdu 15 hommes de ma section, presque tous morts, j'ai eu la chance d'échapper. Depuis, notre régiment a été éprouvé à différentes reprises mais non notre bataillon. On a, je t'assure, de fortes impressions quand on se dit en se levant, que pendant dix heures, ce jour, on va risquer sa vie !

Nous sommes donc partis le 26 septembre, à 9 heures, après nous être levés à 4 heures... On nous fait avancer jusqu'au village de Ilers, puis là, on nous déploie. Pour la première fois le canon est proche : nous entendons siffler les obus. Les hélices ronflantes fourmillent l'air sur nos têtes. Puis les détonations nous arrivent et la mitraille vole. Notre bataillon est en tête et ma section est envoyée en avant sur un talus de route. Avec ma jumelle, j'aperçois dans les betteraves un fourmillement presque invisible : ce sont les Allemands tapis dan~ des tranchées. Les obus éclatent de tous côtés. Nous allons avertir notre commandant, le lieutenant et moi, que nous sommes menacés par une batterie proche. A peine si j'ai regagné ma position, qu'un obus éclate, à 50 mètres de nous, puis un second, presque sur nous, celui-là, ne nous rate pas ! Je sens au bras comme un formidable coup, je suis touché au bras gauche... Mais allons, il n'y a pas de mal, tout remue, je me soigne par un pansement, j'ai eu plus de crainte que de mal. Un sergent fort gentil, Tocquet, a la main sanglante. Elle a été traversée par un shrapnell. Quelques soldats veulent fuir, ils se retirent dans un champ de betteraves, derrière nous, deux d'entre eux sont tués. Alors on accepte la situation, on reste stoïques sous la mitraille qui pleut de tous côtés : Le commandant de notre bataillon, debout sur la crête, fort vaillant, forme silhouette ; moi-même, en avant avec ma section, contre un talus de la route, j'entends siffler à mes oreilles, le bruit d'une balle, peu après j'entends le fourmillement sinistre des obus. Enfin, on se lasse, on bat la charge. Les hommes marchent à la baïonnette, mais l'ennemi toujours terré dans ses tranchées reste invulnérable. Et alors, le spectacle est lugubre : le soleil se couche dans le sang du ciel tout rouge. De chaque côté, deux villages flambent. Des lueurs de flamme montent vers les étoiles. On voit comme des ombres, les hommes pivoter et tomber. On entend des gémissements. Le cantonnier de Saint-Pierre-de-Cormeilles, L..., était de ma compagnie, à côté de moi, il tombe frappé d'une balle, au moment où la nuit venait. On fait sonner le « cessez le feu », et on va donner l'ordre de la retraite. Je le prends, il vomit le sang sur moi. A deux, nous essayons de le sauver. Pendant deux cents mètres je le traîne. Mais nous sommes une cible ! Une seconde balle le frappe, et je suis obligé de l'abandonner. Je passe les détails de la retraite, et notre nuit vagabonde.

Dimanche, 27 septembre.

Nous avons stationné à Aubervilliers dans un bois.

Lundi 28 septembre.

Nous retournons à la bataille à Corancamp et nous finissons la journée dans un chemin creux, près de Beaumont-Hamel, de nouveau mitraillé.

2 octobre.

On annonce repos à Puisieux. Nous arrivons ; nous nous mettons à table : à moitié du déjeuner, une grêle d'obus sur le village ! Nous finissons de déjeuner et on se sauve pour revenir à Puisieux coucher une heure. 3 heures sonnent, encore la mitraille ! Nous restons dans les tranchées. Et je vais aux avant-postes, passer la nuit dans un chemin. C'est la huitième. Je pense à la couverture que tu voulais que j'emporte... Je pense au tricot ! !...

Aujourd'hui 4, je t'écris au milieu des préparatifs d'une grande bataille. Quel sera notre sort, ce soir, ou demain ? On s'habitue à se poser cette question terrible. Mais ce qui est plus terrible et plus insupportable, c'est la fatigue physique, le manque de soins, toute la misère de la guerre ! Voilà une longue lettre...

Je n'en reçois point de toi, j'en suis terriblement privé. N'es-tu pas la seule affection à laquelle se rattache tout mon cœur. Enfin, je me tourne avec foi vers la force qui dirige nos destinées et je lui demande avec un cœur d'enfant, de ne pas séparer nos destinées. Et cela me donne courage tandis qu'autour de moi j'entends les hommes harassés par la fatigue, murmurer et se plaindre...

8 octobre 1914.

Voici le treizième jour de bataille. Hier, cela a été formidable ! 128 pièces de canon ont tiré à nos oreilles chacune 210 coups et les Allemands répondaient... Mais nous nous sommes contentés d'assister à ce spectacle du haut d'une crête où nous nous étions fortifiés en rentrant dans nos tranchées quand les éclats nous approchaient trop.Et cela finit par devenir très intéressant... Je me porte bien... Mais la vie est sans grand charme comme depuis quelques jours sans grandes fatigues. On reste terré dans des trous, gelant de froid et les heures semblent longues...

9 octobre 1914.

Le 9 octobre, à Colincamps (Somme). Je suis toujours en bonne santé. La bataille continue toujours. C'est le 14e jour. Nous sommes, nous autres, au repos, dans un pays dévasté et ruiné... La vie, d'ailleurs, devient supportable : on s'y habitue... Ce soir, je vais à 800 mètres des lignes ennemies, commander une corvée pour enterrer des morts...

10 octobre 1914.

La vie est, depuis trois jours, plus calme, quoique nous soyons toujours sur la ligne de feu (11e jour de bataille) et que nous ayons changé de corps. Nous sommes maintenant dans le 20e, le corps d'armée de Nancy. Je ne pense pas que cela nous réserve une vie beaucoup plus dure.

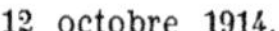

12 octobre 1914.

Nous sommes actuellement bien tranquilles, toujours à la même place, on fait du service dans les tranchées. J'ai passé mon avant-dernière nuit à faire enterrer des chevaux morts, au clair de lune.

C'était sinistre et nauséabond...

15 octobre 1914.

Ce jourd'hui quinze octobre, je reprends mon service actif, après trois jours de tout repos, mes entrailles sont encore presque aussi bruyantes que l'air autour de nous. Mais tant pis, il ne faut plus en prendre à son aise ; nous vivons depuis quelques jours dans les tranchées, les catacombes des guerriers modernes...

Octobre 1914.

Depuis huit jours, notre vie n'offre plus grand péril. On entend bien le canon pas très loin de soi, mais à la longue, c'est un son qui rassure plutôt qu'il n'effraie ; mais, si elle n'est pas périlleuse, notre existence est dénuée de toute espèce de charme.

Passer les jours, les nuits dans les tranchées, c'est-à-dire dans des trous de boue et de terre, y manger, y dormir, y écrire, je t'assure que cela peut être pittoresque, mais n'est pas sans ennui. En tous cas c'est sans confort. On a beau creuser des banquettes, installer latrines et cuisines, avoir des toits de feuillage et de terre, ces huttes souterraines n'ont rien d'un palace. Tout au plus y trouve-t-on la vie supportable. Quand on va coucher une nuit sur trois dans la paille, on est heureux comme un roi.

En somme, nous vivons la vie des Pères du désert, ou des premiers chrétiens dans les catacombes. Ajoute à cela que depuis deux jours, il y a un brouillard intense ; que les nuits sont abominablement noires et froides, et qu'en somme il n'y a rien à faire, tu jugeras du plaisir qu'on a à griffonner une carte ou à lire une lettre...

On prend à vivre dans cette atmosphère de mitraille et de bataille, une sorte d'insensibilité qui fait oublier les tristesses de la veille dans l'attente de celles du lendemain...

Par ici les progrès sont lents, mais il y a progrès. Nous avons subi quelques échecs, mais les Allemands en ont subi de plus graves. Quand notre artillerie porte elle est terrible. Il y a huit jours elle a fait à Hébuterne, d'effroyables hécatombes. Aujourd'hui, la canonnade est particulièrement violente. J'ai le sentiment que nous changerons prochainement de contrée, les Allemands s'étant enfin décidés à quitter celle-ci... après d'ailleurs l'avoir dévastée, car les villages sont ruinés, incendiés et rien n'est plus lamentable que leur aspect...

19 octobre 1914.

Me voilà aujourd'hui, 19 octobre, en train d'exercer ma profession d'avocat, à Louvencourt, à quelques kilomètres en arrière du front.

Dans une petite salle à manger de village, je compulse tranquillement des dossiers en compagnie du capitaine Guillaumin, commissaire-rapporteur ; cela me change de la tranchée fort agréablement. Je ne retournerai au corps que demain, et je reviendrai mercredi ici pour plaider.

Toute la nuit dernière, forte bataille dans les environs, à laquelle nous n'avons pas participé.

Il paraît que cela va bien...

20 octobre 1914.
Sailly, aux tranchées.

...J'ai envoyé vers le cinq octobre, une longue lettre de douze pages, où je t'avais raconté la bataille de Ginchy-les-Bœufs et les journées un peu pénibles qui suivirent... Je t'avais indiqué les noms des blessés... J'avais l'intention de confier cette lettre à Madame X..., mais elle est partie, sans que je la revoie, son mari étant évacué...

J'étais même fort inquiet de ce départ, parce que le lendemain de sa visite, ma compagnie avait reçu une mission fort périlleuse ; nous avions reçu une pluie effrayante d'obus, de grosses marmites, et que comme le soir nous n'avions point rejoint notre régiment, on nous avait cru tous sacrifiés et on avait fait courir dans le régiment le bruit que personnellement j'étais très grièvement blessé. La vérité était que, malgré le danger encouru, nous n'avions subi aucun dommage. Nous avions laissé tomber derrière nous la mitraille, couchés sur le talus de la route, et quand la nuit sombre fut arrivée,nous nous sommes retirés en bon ordre et nous avons été tranquillement nous coucher. C'est même le premier soir où nous n'avons plus couché dehors.

Notre artillerie qui nous fait une musique ininterrompue, cause d'effroyables ravages. Les gros canons allemands sont beaucoup plus bruyants qu'efficaces. Aussi, hier au soir, ils ont lancé sur la ferme Delahaye, près d'ici, 400 obus, 29 n'ont pas éclaté. Le résultat a été médiocre. Il y a eu 4 soldats du 21e, tués et 1 blessé. Or, chacun de ces obus coûte aux Allemands, plus de 200 fr.

Nos tranchées sont assez habitables. Elles sont couvertes ; leur toit est fait de branchages et de terre.

Des banquettes de terre permettent de s'asseoir ou même de se coucher. Le fond est tapissé de feuilles. Par les intervalles des toits, l'air souffle un peu vif, mais dans la nôtre, nous avons installé une cheminée et je t'écris en ce moment devant un feu qui n'est pas très brillant, mais sur lequel nous projetons cependant de tenter un chocolat à l'eau. En arrière, un couloir conduit aux cabinets, quels cabinets !... et aux cuisines. Cela manque évidemment de tout à l'égout et de fourneaux économiques ! Par contre, il y a des courants d'air à tous les étages. Donc, à part l'ennui de vivre dans la terre, tout va bien ; moi qui n'aime pas trop rester enfermé, j'ai eu le plaisir d'aller hier étudier des dossiers et demain j'irai plaider...

23 octobre 1914.
Sailly-au-Bois (Pas-de-Calais).

J'avais, mercredi, à défendre quatre inculpés.

Deux d'entre eux, deux Rouennais, étaient inculpés de déperdition d'effets militaires. Le 24 août, leur compagnie avait été prise par l'ennemi à Orchies, tout près de la frontière belge.

Ces soldats, malades tous les deux, avaient jeté leur sac et avaient été conduits le soir à une ambulance. Le lendemain ils devaient partir en automobile à Douai, quand deux soldats allemands, revolver au poing, se présentent devant l'automobile. Ils étaient là huit soldats français, avec des fusils, qui auraient pu certes s'emparer de ces deux soldats. Ils n'en font rien, s'enfuirent dans l'ambulance où un vieux prêtre leur fit laisser leurs vêtements militaires et revêtir des effets civils. Ils se présentèrent ainsi, le 26 août à la division, à Arras où on les arrêta. La cause m'intéressait, j'y ai vu le procès des divisions territoriales mal organisées,mal outillées, mal commandées et chargées de barrer à elles seules, sans appui d'artillerie, la route par où devait passer comme un flot toute l'armée allemande. J'y ai vu l'occasion de plaider pour les territoriaux qu'on calomnie trop volontiers. J'avais dans mon dossier une lettre écrite par la pauvre femme d'un des accusés, à son mari, qui était bien la chose la plus touchante dans sa simplicité que j'aie jamais lue. Elle envoyait à son mari un certificat qu'il lui avait demandé, s'étonnant qu'il fût à la Prévôté, lui disant cependant qu'elle lui pardonnerait d'avoir manqué à son devoir pourvu qu'il revienne. Puis elle lui annonçait qu'elle n'était pas encore accouchée, qu'elle ne pensait pas l'être avant la fin du mois. Que l'absence de son mari lui serait pénible, mais qu'il ne se tracasse point parce qu'elle avait une bonne voisine. Elle terminait par d'excellents conseils de soumission et par des tendresses... J'ai tiré le meilleur parti de cette lettre. A la fin de ma plaidoirie, tout le monde pleurait : les juges, les soldats du piquet ; G..., le commissaire-rapporteur, avait lui-même les larmes aux yeux.Cette émotion ne l'a pas empêché de se relever immédiatement pour me répliquer, il avait demandé le maximum, il sentait que l'acquittement était acquis. Aussi a-t-il tout lâché ; il s'est déclaré prêt à se contenter du minimum, s'est engagé d'obtenir le sursis à l'exécution de la peine, et la grâce après la guerre, mais au nom de la loi et de la discipline, pour le principe, il réclamait une condamnation. J'ai eu beau répliquer à nouveau avec assez de bonheur, il a obtenu que mes deux clients soient condamnés à six mois de prison, le minimum de la peine. Pour deux voleurs, j'en ai fait acquitter un, et l'autre a été condamné à trois mois de prison.

J'ai eu de grands compliments de ceux qui m'ont entendu, en particulier de R..., qui est caporal de garde des prisonniers, comme qui dirait geôlier, ce qui est un drôle de métier pour un avocat. J'ai invité à déjeuner Guillaumin, et je suis revenu avec un de nos juges, le capitaine C..., dans nos tranchées sans nous presser à vrai dire en flânant un peu, le long d'une route mélancolique, où tombaient les feuilles jaunissantes, mais où le bruit du canon était lointain...

On entend encore de cinq minutes en cinq minutes le canon. Quelquefois la canonnade est plus forte et accompagnée de fusillade ; on voit passer un blessé qui a les deux mains emportées ; on entend dire que le colonel (celui du 21e a été tué). C'est une attaque allemande. Elle est repoussée et tout rentre dans le calme relatif. Malheureux 21e ! C'est le troisième colonel tué depuis le commencement de la campagne ! C'étaient des soldats du 21e que je défendais...

24 octobre 1914.

...Nous vivons à la façon des racines dans la terre. On finit par s'installer à peu près. Cette nuit, par exemple, je me suis trouvé bien dans mon trou, bien rembourré de paille, avec deux chaudes couvertures sur moi et un capuchon. On est là depuis six heures du soir, jusqu'à six heures du matin. Comme le trou est profond et en arrière de la tranchée dans laquelle on pénètre par un étroit couloir, j'avais creusé une niche, installé une bougie et je lisais du Sainte-Beuve trouvé dans une bibliothèque abandonnée. Jamais je n'ai lu avec autant d'attention, de charme et de profit, qu'en ce moment. La pensée est fraîche, l'imagination secouée, l'esprit alerte et vif, la faculté de comprendre aiguisée par le repos et ce Sainte-Beuve, historien, philosophe, curieux universel, promenant sur des caractères de toutes sortes et des figures de tous pays, la lueur de son intelligence si pénétrante, est le plus charmant compagnon. A le lire, j'oubliais le bruit de fusillade intense, de canonnade, qui a duré toute la nuit. J'ai hélas ! vu passer beaucoup de blessés du 153e R.I. qui avait tenté une attaque sur la ferme de Tout-Vent, occupée par les Allemands... Il y a eu cette nuit beaucoup de morts et de blessés !... Hélas ! on ne déterrera ces renards allemands, de leurs terriers, qu'à force de sacrifices sanglants, et la victoire en laquelle je continue d'espérer, sera achetée par beaucoup de vies humaines et après de longs mois de campagne...

Je pense que les adversaires s'arrangeront pour se fortifier sur leurs positions, qu'ils se contenteront de défendre. Un mois de guerre active encore en novembre, pendant lequel nous devons amener les Allemands en arrière sur toute la ligne de façon à ce qu'ils n'occupent plus que l'extrême Nord de la France et l'extrême Nord-Est...

Il est bien vrai que nous sommes du 20e Corps. Le groupe des divisions territoriales, commandé par le général B..., est même dissous depuis le 22 octobre. Mais la 82e division reste constituée. Que fera-t-on de nous ?

25 octobre 1914.

Aujourd'hui dimanche 25 octobre, je ne suis pas dans la tranchée, je suis de garde de police avec ma section, dans une salle d'école, derrière la mairie de Sailly-au-Bois.

Hébuterne était ravissant. Les habitations étaient riches et glorieuses : la mairie presque monumentale. Il y avait une longue place bordée de tilleuls bien taillés ; le clocher de l'église s'élevait fièrement dans le paysage, au milieu des bosquets et de bois vraiment charmants. Tout cela est absolument ruiné ! Il n'y a pas une maison qui n'ai reçu un obus ! La plupart ont été incendiées ; il y a des cadavres dans les caves ; les fusils allemands, les sacs, jonchent les rues ; le clocher de l'église est détruit à moitié. On voit passer des caravanes de braves gens à mine désolée, qui vont dans les ruines chercher les bribes de leur avoir, leurs pauvres vêtements, leurs bestiaux, leurs papiers ! Ils se lamentent ! C'est un des spectacles les plus tristes de la guerre !... Cette nuit, j'ai été réveillé par le bruit de lourds chariots qui passaient sur la route. C'étaient deux batteries de 220, d'énormes canons venant de Briançon, qui passaient.

On va bombarder Gommecourt, un village où sont retranchés les Allemands depuis plus de quinze jours... Hier, je te parlais de Tout-Vent : avec de grosses pertes, nous avons avancé de 800 mètres ; nous sommes à 200 mètres d'eux. Ils ne bougent pas ! Peut-être nos gros obusiers vont-ils les faire démarrer ? Je viens d'aller leur faire une visite à la batterie dissimulée sous des branchages...

28 octobre 1914.

...Nous sommes toujours à la même place... Il arrive qu'en ce moment, les gros mastodontes de canons que nous avons comme voisins, les 220 courts, venant de la frontière italienne, envoyant sur l'ennemi des obus pesant 118 kilos et contenant 38 kilogrammes d'explosifs, nous attirent quelques marmites allemandes envoyées à leur adresse.

30 octobre 1914.

Les Allemands sont presque inexpugnables dans leurs retranchements comme nous sommes inexpugnables dans les nôtres. Il faut une patience et un esprit d'offensive très déterminés pour avoir raison d'eux. C'est ainsi qu'hier on s'est emparé de Mouchy-au-Bois et de la ferme de Tout-Vent, deux endroits qu'ils occupaient, en sacrifiant beaucoup de monde...

On leur a joué une farce singulière ! Tous les hommes avaient été prévenus dans les tranchées françaises de ne pas bouger, quoiqu'il arrive, quelque cri, quelque bruit, quelque commandement qu'on entende. Tout à coup, dans la nuit, dans le grand silence, troublé seulement de temps en temps par la voix grave du canon, des notes claires de clairon font résonner la nuit. Sur toute la ligne française on sonne la charge. Tous les officiers crient de leur voix la plus forte : En avant ! à la baïonnette !

Alors, les Allemands, qui craignent par-dessus tout nos corps à corps, sortent effrayés de leurs tannières. On en a tué quelques-uns ainsi,ou plutôt un assez grand nombre. Mais ils pullulent comme les étoiles au ciel.Car on en fait une effrayante consommation ! Les prisonniers qui sont faits le racontent. Un sous-officier allemand, qui s'était, avant-hier, trompé de tranchée, et qui était arrivé dans une des nôtres, où il fut. d'ailleurs, assez mal reçu : « Allons donc ! ce n'est pas ta place ! F... le camp ! » disait que le village de Gommecourt était un vaste charnier ; les Allemands y vivent misérablement dans les caves, mais ils ne s'en vont pas !...

Encore deux détails amusants, en passant, sur la vie dans les tranchées : Les tranchées allemandes sont, comme tu le vois, très proches des tranchées françaises. Ce matin, les cuisiniers allemands apparurent dans les tranchées françaises, les bouteillons à la main ! Un arôme de café sortait des marmites. Ce fut un cri de joie. On invita les cuisiniers allemands à boire le cafe. Ils furent ensuite dirigés vers l'intérieur. Mais ce fut une risée générale parmi les militaires à la pensée qu'on avait bu le jus des Allemands ! Enfin, hier, par un brouillard épais qui ne permettait guère de voir à dix pas devant soi, on a arrêté, sur la route d'Hébuterne à Sailly, un cycliste allemand, qui parut fort content de voir ainsi la guerre finie !...

Il y a en ce moment près de nous le 60e, le meilleur régiment de France, celui qui, certes, a détruit le plus de vies allemandes. Ils racontent leurs exploits et leurs déboires. Ils parlent de Morhange, de Charleroi, etc., et quelquefois c'est navrant !...

31 octobre 1914.

Une anecdote triste et bien de Toussaint que je confie à cette lettre pour la retrouver après la guerre : — L'autre jour, pour nous réchauffer les pieds qui se refroidissaient dans la tranchée, nous fîmes, un de mes collègues, le lieutenant M... et moi, une promenade sur la route de Foncquevillers, dans la direction du front. Nous rencontrâmes un soldat du 146e, qui nous devança. Il nous raconta son histoire : Il allait chercher son frère, savoir ce qu'il était devenu. Il pensait, hélas ! ou qu'il avait été tué ou qu'il avait été fait prisonnier. Nous avons admiré sa piété fraternelle. Nous nous sommes intéressés à la suite de son histoire :

— Le malheureux, en se glissant à quatre pattes parmi les cadavres, avait retrouvé celui qu'il cherchait, et cela sous une pluie de balles. Il obtint une permission de quarante-huit hures. Deux fois chaque mois, il s'avança pour rendre les derniers devoirs à son frère chéri ; chaque fois, il dut reculer. Le cadavre de son frère était à 60 mètres des lignes ennemies. Et le malheureux était salué chaque fois qu'il s'avançait, par une grêle de balles ! Je me suis rappelé, en entendant conter cette anecdote, la tragédie grecque d'Electre voulant rendre les derniers devoirs à son frère malgré la tyrannie de Cléon...

J'ai souvent l'occasion de m'apitoyer sur les pauvres enfants des villages voisins, chassés de leurs berceaux par l'Allemand. Hier une pauvre femme nous fit, de sa fuite des Essarts, de son retour au village, de sa réception, des Allemands, et de sa fuite définitive, quand le village brûle, un récit si dramatique, que vraiment, malgré la dureté du cœur que l'on acquiert en campagne, j'en avais les larmes aux yeux et que je lui donnai cent sous pour la consoler un peu de sa misère.

Les pauvres petits s'habituent aux bruits du canon. Cette nuit, Sailly a reçu quelques marmites et un petit réfugié, dans la maison où nous nous réfugions, une demi-heure par jour pour déjeuner et nous laver, nous disait : « Mon père, il a un jour été coucher avec la p'tiote dans la cave, mais ma mère et moi on est resté dans son lit. On sait ce que c'est, n'est-ce pas ? » Et ce gosse a huit ans !

T'ai-je parlé du colonel Royal, ce vieillard de 71 ans qui s'est engagé comme simple soldat, après avoir été colonel, et qui est depuis quelques jours sous-lieutenant au 146e ? Il se promène beaucoup et moi qui vagabonde aussi pas mal, le nez au vent, je le rencontre quelquefois. Nous sommes devenus une paire d'amis. Il est régionaliste lorrain et nous avons des amis communs. Mais ce brave homme, admirable d'endurance et d'entrain, puisque pendant deux mois, il a fait campgane le sac au dos et mangeait à la gamelle, ne comprend rien à la guerre des tranchées. Ça le change de la guerre d'Italie, qu'il a faite... son vieux sang bout dans ses veines quand il me parle de sa conception de la guerre ; son vieux bouc blanc se hérisse en bataille. Il commet de folles imprudences. Il va prendre son café dans un petit bistro qui se trouve entre les lignes françaises et les lignes allemandes et dont la tenancière qui n'a pas voulu quitter sa maison mais qui se réfugie la plupart du temps dans sa cave n'a plus que lui comme client. Quand le colonel Royal entre ou qu'il sort les balles sifflent, mais il les regarde avec une superbe indifférence. L'autre jour, il fut plus imprudent encore ! Il prit un cheval blanc, dépassa la ligne des tranchées et alla braver les Allemands, à cinquante mètres de leurs lignes. C'est miracle qu'il en soit revenu ! Il eut une forte semonce et cela n'a pas favorisé son avancement. Mais cet héroïsme est bien français !...

2 novembre 1914.

Cette nuit, un gros obus allemand de 155, ce qu'on appelle une marmite, éclatait à proximité d'une de nos tranchées. Un éclat pénétra par une fenêtre de cette tranchée et alla frapper sur la banquette, un soldat de la 1re compagnie, qui dormait tranquillement. Ce soldat était un nommé Vesques, de Pont-Audemer. On doit l'enterrer dans une heure. Il reposera dans le cimetière de Sailly-au-Bois...

C'est un temps propice à la promenade et à la rêverie. Hier, nous avions jour de repos. Le matin, après la toilette, j'ai tenté d'aller à la messe. Je n'ai pu entrer dans l'église tellement la foule des soldats qui emplissait l'église, était dense. Et quand ces hommes de 40 ans sortirent, bien des yeux étaient mouillés de larmes. Un cortège s'organisa, un adjudant de notre bataillon avait eu l'idée d'honorer les morts du cimetière en leur portant une couronne. Immédiatement derrière cette couronne, se mirent à marcher, non seulement les soldats de notre bataillon, mais les hommes de toutes armes et de tous régiments, qui cantonnent plus ou moins près de Sailly. Le général Daisbaut, qui commande la 59e division, la division de fer, et qui a à déplorer la mort récente d'un fils, au champ d'honneur, prit la tête du cortège ; un aumônier militaire précédait. Près de la terre remuée, il dit simplement un Pater et un Ave. Et cela fut suffisant pour faire pleurer bien des pères...

Notre commandant, un vieil officier de 58 ans est très agréable en conversation. Il a une façon brutale mais juste d'apprécier les gens et comme il revient de l'extérieur, il nous apporte toutes sortes de bruits intéressants. C'est ainsi qu'il nous a appris que M. le payeur général Caillaux avait eu 15 jours d'arrêts de rigueur. Au moment du remaniement ministériel, M. Caillaux s'était hâté de venir à Paris, pensant peut-être qu'on aurait besoin de ses précieux services. Un portefeuille lui aurait sans doute mieux convenu encore que la luxueuse automobile dans laquelle il se balade à l'arrière ! Il fut rencontré par Galliéni qui lui demanda : « Avez-vous une permission régulière ?.. » « Mais je suis M. Caillaux !... » Eh bien, M. Caillaux fera quinze jours d'arrêts !...

3 novembre 1914.

Nous avons une chance inespérée de jouir du plus délicieux été de la Saint-Martin que j'aie connu depuis longtemps. La température est d'une ineffable douceur. Le soleil est si chaud que nous en sommes tout amollis sous nos vêtements chauds que nous conservons, jour comme nuit, car il est difficile de se déshabiller ; cette nuit que nous avons passée dans les tranchées, le clair de lune répandait sur la campagne une teinte d'argent et d'azur qui enveloppait de poésie champêtre tout cet horizon où gronde depuis quarante-deux jours le canon. Plusieurs fois je me suis surpris en me levant, à rêvasser comme un rimeur, tellement l'ombre était idyllique. Et cependant l'on s'ennuie peut-être davantage quand il fait beau, car la tranquillité d'âme manque pour jouir comme il conviendrait de ce soleil.

Nous revenons de faire une longue excursion de reconnaissance autour de Sailly, allant voir les batteries d'artillerie, ou les tranchées des voisins. Le commandant qui est notre hôte à la popote, était notre invité dans cette promenade. Nous lui faisions les honneurs de ce pays que nous habitons depuis un mois. Et je t'assure que si pour lui, les choses étaient nouvelles et fraîches, elles n'avaient plus pour nous que l'aspect du trop vu...

Tout ce pays est dominé par une crête au sommet de laquelle passe une route qui va d'Hébuterne et Puisieux à Mailly-Maillet. A l'endroit le plus élevé du plateau, il y a une ancienne sucrerie que domine une haute cheminée d'usine. Les artilleurs, qui, pour diriger le tir de leurs batteries, usent ordinairement de longues échelles d'observation qu'ils collent aux arbres et qui sont reliées de la cabine supérieure par téléphone aux batteries généralement depliées derrière un repli de terrain, ou une haie, aiment encore mieux un poste d'observation naturel ou plutôt monumental comme un clocher ou cette cheminée. Or, pendant quinze jours, un officier d'artillerie montait chaque jour dans cette cheminée pour observer de là les lignes allemandes. Les batteries allemandes qui soupçonnaient sa présence, envoyaient force obus sur cette cheminée sans pouvoir jamais l'atteindre.

Cependant les chefs de l'officier lui recommandaient de ne pas s'exposer davantage, mais il continuait avec un tranquille héroïsme. Or, un jour, il a été tué, non pas dans la cheminée, mais au moment où, cherchant d'en descendre, il s'éloignait de quelques mètres. Et je veux mettre dans mes notes de campagne, qui sont surtout constituées par les lettres que je t'écris, le souvenir de ce vaillant.

6 novembre 1914.

Je suis de nouveau chef de popote, et je m'occupe de la cuisine (la cuistance), ce qui m'amuse assez, car je suis assez gourmand. Je tâche de varier les menus, et j'y arrive. Ainsi hier matin nous avions des sardines, du bœuf à la mode, fromage, confitures, café;

hier soir : soupe maigre, œufs et chicorée cuite, viande froide, fromage ; ce matin : salade de bœuf, gigot d'agneau aux pommes frites, confitures ; ce soir nous aurons : consommé, filet rôti aux haricots, etc...

7 novembre 1914.

L'église ici est intacte et non éventrée comme celle d'Hébuterne où l'abside est ouverte sur le ciel, où le maître-autel est démoli, où les saints sont décapités, où le confessionnal chavire. L'église de Foncquevillers donne accès dans les souterrains qui vont jusqu'à Gommecourt et que le génie explore. On a été obligé d'y établir un appareil d'aération. Il paraît que si l'adjoint d'ici a été fusillé c'est pour avoir fourni aux Allemands le plan de ces souterrains. Nous recevons des visites. Le colonel est venu nous voir ; j'étais, au moment où il est arrivé, tellement plongé dans la lecture du 4e volume de Sainte-Beuve que je dévorais, que je ne l'avais pas entendu venir sur notre route. Il a été obligé de me tirer de ma lecture par un amical « Bonjour Nolent ! Ça va bien dans le Nord, les Russes ont encerclé un corps d'armée. »

8 novembre 1914.

Mon nouveau domicile est situé dans la commune de Foncquevillers (Pas-de-Calais).

Ma maison consistait en un trou de deux mètres de large et de 1 m. 50 de haut, avec son toit constitué par de vieilles portes chargées de branchages et de paille, n'avait rien du palais de Versailles ; je ne peux m'y tenir que couché. J'ai une vue sur la plaine : Un moulin à vent barre le ciel de ses grandes ailes paralysées et met dans le paysage comme une grâce desuète. Devant moi, j'ai deux canons de bois, grotesques et lourds, placés là pour que les aviateurs croient qu'ils ont affaire à une batterie. Des bois aux feuillages de pourpre, mettent leurs automnales couleurs sur l'azur lointain. C'est vraiment joli.

Le village, derrière nous, est masqué par les haies des vergers. Il y a là, dans un coin, un parterre fleuri, bien soigné, bien astiqué, un coin de parc ou trois croix de bois mettent une note mélancolique. C'est un petit cimetière où dorment de leur dernier sommeil cent trente soldats de France. La musique est guerrière, on entend encore plus de bruit qu'à Sailly, on ne risque pas beaucoup plus à condition de ne pas trop bouger...

9 novembre 1914.

Tes lettres, que je viens de recevoir, m'apprennent des propos qui me navrent infiniment. Je ne l'aurais pas cru, si je ne l'entendais de toi. Il est vraiment, malheureux, digne de pitié... Manquer à ce point de caractère, de jugement ; ne pas comprendre l'intérêt de son pays ; ne pas sentir un peu quelque idéal vous soulever de terre; n'avoir jamais d'entrain, ni d'allant, ni de bravoure; c'est non seulement manquer à toutes les obligations du Français, mais se rendre la vie tout à fait odieuse...

Les paquets venant de chez soi sont tout de même les bienvenus ; c'est un peu de l'atmosphère du foyer qui envahit la tranchée ! Nous entendons siffler les balles de temps en temps, un petit claquement sec fait lever les têtes. C'est l'ami Fritz qui s'amuse. L'ami Fritz, ce sont de bons tireurs allemands qui sont dissimulés dans les arbres et qui s'amusent à tirailler sur tout ce qu'ils voient. Ces bons tireurs n'obtiennent aucun résultat, pas même d'intimidation. On se ballade libre ment, trop librement dans les villages ; trop librement, puisqu'avant-hier, deux obus ont fait une quinzaine de victimes parmi des soldats d'un autre régiment. Nous espérons cependant que la victoire de l'Yser, qui s'affirme complète, va nous débarrasser bientôt de l'ami Fritz, de ses pétards, de ses marmites...

10 novembre 1914.

J'ai reçu un paquet de lettres de toi. Tout cela amène une bouffée d'air chaud du foyer qui vient nous réchauffer dans nos tranchées et cela nous fait beaucoup de bien, car on aime à penser qu'au loin, on est suivi par une pensée affectueuse...

Ce matin, on a fait passer une note demandant, dans chaque compagnie, des officiers, sous-officiers et soldats volontaires pour constituer un peloton franc de patrouilleurs, éclaireurs, destinés à aller voir d'un peu plus près, dans les tranchées ennemies, ce qui s'y passe. On risque, en effet, de rester devant des tranchées occupées par de simples patrouilles, si on ne se décide à s'enquérir un peu exactement des forces qui les occupent. J'ai donné mon nom, il n'y a pas plus de péril à agir hardiment, qu'à rester tapi là...

Je suis étonné aussi du sentiment de tranquillité et de contentement qu'expriment les prisonniers dans leurs lettres ; mais cela prouve que le cœur humain est le même sous tous les climats. Ne t'ai-je pas raconté qu'un prisonnier allemand exprimait sa satisfaction d'être pris, avec cette naïve grossièreté : « Maintenant, viande sauvée ! » Et un autre, plus sentimental : « Suis maintenant sûr revoir petits ! ».

Tout cela montre que la guerre est terrible, et qu'elle n'est pas faite pour être supportée par toutes les âmes. Ayons au moins, l'orgueil, d'être de ceux qui seront toujours à la hauteur des circonstances et espérons, avec confiance, qu'un prompt succès économisera nos efforts et nous réunira ?...

La peur, vois-tu, existe, voilà le sentiment que tout le monde ressent, quelque trempée qu'on ait l'âme, et dont il faut se rendre maître. La bravoure, cela consiste à dominer ses nerfs. « Tremble, vieille carcasse, disait Turenne, tu tremblerais bien davantage, si tu savais où je te mène. » Je me suis surpris à voir trembler ma carcasse, mais tu peux être sûre qu'elle ira où je voudrai qu'elle aille, où elle doit aller. Il y a des sentiments complexes, de l'amour-propre, de la fierté, le sentiment qu'il serait déshonorant de ne pas être brave et de crâner devant les camarades, l'intention d'aventure, l'allant du caractère et aussi la conception du devoir, et l'amour de la patrie. Mais qu'importe de quoi est fait le courage, pourvu que l'on soit courageux...

11 novembre 1914.

Le commandant, avant son départ, nous a conté qu'à Limoges il y avait de 45 à 70 généraux à qui on avait retiré leurs fonctions, et que l'on appelle le camp de l'Abat, car il paraît peu clément avec les généraux, le généralissime Joffre...

13 novembre 1914.

... Les officiers se forment par l'habitude du commandement... Je prends l'habitude du commandement, de la responsabilité, et tous mes camarades qui résistent à l'épreuve, qui n'abandonnent point, malgré les heures, où l'on sent la défaillance possible, trempent ainsi leur énergie et deviennent aussi bons chefs que nos soldats deviennent bons soldats. La plupart de nos vieux bonshommes de territoriaux sont en train de devenir aussi martiaux que les vieux grognards du temps jadis. Ils pensent beaucoup, sans doute, à leur maison, à leurs champs, à leurs petits, mais déjà cette pensée leur fait moins mal au cœur.

A tous ceux qui désespèrent et qui gémissent, de dire que la Victoire sera achetée par beaucoup de sacrifices, qu'elle sera longue à venir, que nous compterons, non seulement beaucoup de pertes encore, mais aussi des échecs. Mais qu'il y a encore beaucoup de Français, de Français vaillants et énergiques comme leurs ancêtres, et que ceux-là ajouteront de nouveaux lauriers à la couronne de leur belle patrie.... En somme, ce qu'il faut chanter en ce moment, c'est un continuel « Sursum corda ! »

Et puis, au jour le jour, à la guerre comme à la guerre ! Après, si l'on revient, on s'arrangera... On refera sa vie avec un courage et un cœur nouveau...

Que cela ne soit pas toujours drôle, c'est entendu...

Hier, j'étais allé visiter les tranchées avoisinant le village, courbant souvent la tête sous le bruit des balles. J'avais parcouru les ruines de Foncquevillers avec une certaine mélancolie. Pauvres maisons dévastées ! On en voit dont les murailles éventrées laissent apercevoir l'intérieur, où flottent encore les rideaux suspendus à la fenêtre, où la table familiale est restée mise, où les photographies gisent pêle-mêle, avec les tableaux et les souvenirs de piété. C'est un triste spectacle d'intimité dévastée et violée par la guerre. Et, dans les ruines, nos soldats se promènent, infatigablement, pour prendre portes, fenêtres, poutres, planches, vases, tout ce qui peut meubler la tranchée. J'en ai vu qui montaient sur une couverture sur laquelle il ne restait pas une tuile, et dont les poutres étaient calcinées par l'incendie. Et ils font cela sous la crainte perpétuelle de l'obus, pour capitonner leur casemate. Dans cette promenade, j'ai bien manqué d'y passer, une marmite a éclaté à dix mètres de moi et j'ai été saupoudré de la poussière qu'elle a soulevée. Mais il faut croire que les éclats ont été ailleurs, car je n'ai pas eu la moindre égratignure. J'en ai été quitte pour me secouer un peu.

A 10 heures du soir, on vint chercher notre capitaine, c'était l'alerte. Je sortis... il faisait une effroyable tempête, vent, pluie, gémissement des arbres, d'éclat des obus, grondement du canon, sifflement des balles, toute la lyre guerrière emplissant de vacarme un horizon tout noir, éclairé des rouges lueurs du feu. C'était sinistre... Les Allemands tentaient une attaque générale sur le front. Je réunis vite ma section et, comme je suis tout de même celui qui tient le mieux mes hommes en main, on m'envoya en reconnaissance avec eux, à l'endroit le plus lointain.

Mais, soudain, comme par enchantement, le bruit cessa, les canons se turent, les nuages se dissipèrent, on vit des étoiles s'allumer dans le firmament, la lune se leva et notre reconnaissance ne fut qu'une promenade sentimentale, sans danger. Mais je dus continuer la ronde dans le village jusqu'à 3 heures du matin, aller visiter toutes les sentinelles tapies derrière leurs abris et regardant par leurs lucarnes la plaine éclairée, surveiller les maisons... Et je t'assure que cette ronde, dans le village désert, où l'on rencontrait seulement quelques brancards sur lesquels gémissaient les peu nombreux blessés de l'attaque, ou les hommes allant porter le café par les longs boyaux profonds des tranchées de première ligne, ne manquait pas d'être émouvante !...

18 novembre 1914.

En rentrant, hier soir, d'Amiens, j'ai trouvé la villa de la « Paix chez soi » occupée par d'autres locataires ! Notre compagnie avait déménagé et moi aussi, avec elle, et nous sommes, maintenant, en premières lignes, dans des tranchées à peines couvertes et il faut que je m'occupe de faire creuser des boyaux de communication pour des tranchées avancées qui sont à quelques mètres des tranchées ennemies.

On m'appelle, je suis obligé de clore cette lettre. On va se porter de 400 mètres en avant. En avant !... et le capitaine me demande ! Allons ! Non sans te dire que j'ai reçu le paquet contenant le Virgile.

✢

20 novembre 1914.

Il neige ; il neige abondamment. La campagne est toute couverte d'un linceul. On attaque vigoureusement.

Il gèle au point que quelques hommes ont les pieds gelés dans les tranchées, l'un d'eux devra être amputé.

J'ai été de corvée avec le prince de Wagram, reconnaître dans le crépuscule l'endroit où nous devions, la nuit, creuser le boyau. Nous avons été salués par quelques sifflements de balles, mais c'était à qui, du capitaine ou moi, ferions meilleure contenance. Nous avions, très vite été vengés. Les balles partaient d'arbres où les chasseurs et nous-mêmes, aperçûmes bientôt deux tireurs allemands. Un feu de salve retentit sur nos lignes, et nous pûmes contempler bientôt un Allemand qui se balançait dans le vide, la tête en bas, suspendu à une branche par un pied. Mais la nuit, en revenant, je ne retrouvais plus l'endroit où je devais installer mes mitrailleurs. Tout, en effet, était couvert de neige. Déjà, je m'étais étalé dans un trou de marmite, puis j'arrive près d'une vieille tranchée qui me paraissait peu creusée. Je mets le pied pour descendre dedans. Comme un ressort, je bondis en arrière, car sous mon pied cela cédait en bouillonnant. J'avais marché sur un cadavre, la tranchée en était pleine ! C'étaient de malheureux soldats du 137ᵉ, qui, enveloppés dans leur couverture, avaient été surpris et immolés pendant leur sommeil. Sur la route on peut en voir deux autres : le pantalon rouge met comme une tache de sang sur la neige. A côté d'eux, un Allemand dort, lui aussi, son dernier sommeil dans la fraternité de la mort... Et l'on ne songe ni à s'émouvoir, ni à s'étonner. Il faut un instant de réflexion et de recueillement pour qu'une pensée pieuse vienne à l'âme et qu'on soit reconnaissant à ces hommes d'avoir fait le sacrifice de leur vie à leur patrie, tellement la pensée de la mort est ici, présente et naturelle.

Un détail comique dans la même nuit. Un homme de ma section eut le besoin de s'éloigner un instant. Il sortit du boyau qu'on creusait et au lieu d'aller du côté où il aurait pu se défiler, il monta légèrement sur la crête, dans la nuit bleue, éclairée par un quart de lune, il installa un astre entier. Hélas ! il éblouit sans doute les Allemands. Immédiatement les balles crépitèrent, le malheureux se précipita, la culotte à peine relevée, la chemise au vent comme un étendard, le visage un peu bouleversé. Il rentra sain et sauf parmi nous, et fut salué par un éclat de rire. Les Allemands d'en face ne sont pas chics ! Il y en a à quelques kilomètres, qui tacitement, avec les Français, ont conclu la trêve de digestion ! Les nôtres, et eux-mêmes, se laissent mutuellement sortir des tranchées, à condition qu'on pose culotte. On ne tire pas sur l'homme accroupi. Mais aussitôt qu'il se relève, gare à lui s'il ne court pas se terrer ! Mon homme, à moi n'eut pas cette tranquillité.

Et voilà les incidents dont il nous faut rire ou frémir. Je lis Virgile.

✢

23 novembre 1914.

Nous sommes actuellement dans le village nègre, et je t'assure que malgré ce souvenir africain, on gèle plutôt ! Cependant, on supporte cela aussi, comme le reste, en s'étonnant soi-même de si peu souffrir. On se fait à la dure, au point d'en rire, et on devient prodigieusement habile à se défendre contre les plus cruelles intempéries avec des moyens de fortune. En somme, nous avons l'avant-goût de ce que sera l'hiver, avec 8° au-dessous de zéro et de la neige sur toute la plaine désolée, et des nuits qui durent de quatre heures du soir à sept heures du matin. Eh ! bien, si les marmites, les crapouillots, les gros noirs, les Fritz et les dums-dums et autres engins de ces sacripants d'Allemands respectent cette carcasse, on s'en tirera avec le teint frais, la taille svelte et le cœur gai... Nous sommes sortis des caves où l'on avait chaud ; nous voilà dans les paillottes où l'on a plus froid. Le baromètre mental ou plutôt le thermomètre est au même degré. Tant il est vrai qu'on se fait à tout.

L'autre jour, le docteur X... fût désolé. Un de ses infirmiers était dans la cave, la tête entourée dans la paille. Le docteur l'appelait pour une corvée : « Oh ! non ! docteur, je ne sors pas, il y a des marmites ! » Mais il faut bien que vous fassiez à manger ! « Oh ! docteur, j'aime mieux ne pas manger. Il y a des marmites ! » Mais enfin, vous, vous mangerez en rentrant à Souastre ce soir, mais moi... Il faut bien que je mange ; il faut sortir ». Mais la voix suppliante répétait : « Oh ! mais docteur, il y a des marmites ! » Ce marmitophobe qu'on eut peine à faire sortir de sa paille et qui n'en sortit qu'à son corps défendant, était notre ami...

✤

24 novembre 1914.

Me voilà revenu à la villa « La Paix chez soi ».

Cinquième déménagement depuis que nous sommes à Foncquevillers. J'ai eu une nouvelle impression de la guerre, celle du monsieur qui revient chez soi, et qui trouve tout bouleversé !...

Une compagnie en marche ressemble à une bande de locataires déménageant à la cloche de bois ! Il ne manque que le raffût de la Saint-Polycarpe ! !...

T'avais-je dit qu'il ne restait ici qu'une habitante : une vieille femme de 92 ans, qui se promenait, appuyée sur un bâton, dans les rues du village dévasté, et qui semblait le génie de ces ruines. Elle est morte de peur il y a quelques heures en entendant un gros noir éclater près d'elle. Quelle mort tragique, n'est-il pas vrai ?... On a mangé une des petites boîtes de conserves trouvées dans les ruines de notre cuisine : le pâté d'alouettes. La boîte avait un trou d'obus, mais il restait le pâté qui était exquis...

✤

25 novembre 1914.

Il faut que je te fasse un aveu : Après avoir beaucoup désiré un passe-montagne, parce que c'est la mode dans les tranchées, et que j'aime bien être à la mode, je me suis dégoûté, en une nuit, de ce vêtement capital. J'aime avoir le visage découvert, même s'il fait du vent, j'ai donné les trois passe-montagnes...

Et maintenant, plus rien dans l'immense plaine, ou sur les ondulations couvertes de neige, on ne voit plus que la bordure noire des haies dépouillées, rèches comme un fagot, et les lignes sombres des tranchées. Le paysage, toujours brumeux, ressemble à une immense lettre de deuil. Il y a des jours où ce n'est pas gai. Et cependant, on ne parle pas de changer... La villa de « La Paix chez soi » ne mérite pas son nom ! Elle est visitée par les taupes (visiteuses désagréables, les taupes !)

✤

26 novembre 1914.

Il me vient quelquefois, tant au fond notre vie est monotone, des envies d'adopter le style des communiqués officiels : Situation calme et inchangée. Quel affreux mot que celui-là ! Journée sans incidents, pas d'attaque d'infanterie. Le tir de l'artillerie ennemie sans cesser tout à fait, se ralentit. Il a bombardé l'infirmerie sans causer aucun dommage. Et c'est tout. Ah ! non ; il faut ajouter que la neige a disparu, qu'elle a été remplacée par une boue gluante et un brouillard gris, et que cela n'en est pas plus gai ! Est-ce tout ? Non, pour être un bon officier, il faut ajouter : l'état sanitaire de la troupe est excellent...

✤

30 novembre 1914.
119e jour de guerre.

Je reviens de Souastre où vivent paisiblement, loin des obus et des balles, les infirmiers, le service de santé, et ce qui est par métaphore, appelé le train de combat du bataillon, sans doute parce qu'il ne combat pas, et comprenant les voitures de campagne, les voitures de bagages des officiers, la voiture à viande, et la caisse de munitions.

Ah ! Mlle J... parait s'intéresser beaucoup à la vie de nos tranchées ?...

Dis donc à la belliqueuse J... que je ne la vois pas avec ses robes élégantes et ses souliers fins, dans notre gadoue des tranchées ! C'est une vie dont toute la poésie est morale, le matériel n'est pas seulement terre-à-terre, puisqu'il est souterrain. Et puis quelle monotonie ! Pour un moment d'émotion exaltante à l'heure de l'attaque, ce qui arrive une fois par semaine (trois attaques depuis 26 jours que nous sommes ici) et les minutes désagréables de l'arrivée des douze ou vingt marmites quotidiennes, à quoi se borne depuis quelques jours, le tir allemand, que d'heures nauséabondes pour un cœur féminin que celles qui consisteraient à faire enlever la boue, à faire couvrir des trous en fibro-ciment, à distribuer des culottes, à passer la revue des fusils ou des équipements, à établir l'état des vivres de réserve, à commander des corvées de fascinage ou de bois de chauffage, à guider des rondes de surveillance dans les villages dévastés, à contrôler, c'est-à-dire à embêter des sentinelles, et, ce qui est pire que tout, à ne rien faire, à attendre, l'oreille tendue et l'âme inquiète...

...Tout cela n'a de sens que parce que c'est nécessaire, et de beauté, que parce que cette guerre est une croisade contre un ennemi dont nous détestons les idées et l'esprit de domination. Mais jamais croisade ne fut plus dure, car jamais on ne demanda aux guerriers plus d'abnégation, plus d'endurance, plus de sobriété, plus de continence, jamais ils ne s'accordèrent moins de repos, de répit ou de divertissement, jamais elle ne fut moins chevaleresque, puisqu'on ne fait qu'apercevoir l'ennemi. Oh ! les beaux temps où les Paladins avaient des boucliers artistiques, des casques brillants avec des aigrettes rouges, et allaient dans les combats donner de magnifiques coups d'épée que les dieux eux-mêmes dirigeaient ; Ils obtenaient gloire, honneur et profit, et les poètes les célébraient.

Et nous fournirons, nous malgré l'effort gigantesque que supporte l'armée française, matière à un chef-d'œuvre comme l'Illiade, ou une simple chanson de gestes comme Roland, qui fut vaincu dans une malheureuse escarmouche d'arrière-garde, qui ne serait même pas digne d'une ligne dans nos communiqués officiels. Mais il suffit que nous ayons, un jour, la joie de la victoire, pour que nous chantions nous-mêmes, un poème plus beau que tous les autres.

...On nous a envoyé des capotes superbes, des capotes bleu-clair, beaucoup plus jolies que les anciennes, avec un col rabattu, et une seule rangée de boutons.

On rajeunit l'armée française.

3 décembre 1914.

En gare d'Hazebrouck, un convoi de prisonniers allemands arrive. Parmi eux, un jeune officier élégant, dont la morgue et l'arrogance sont insupportables. C'est le neveu de Von Kluck. Le chef de gare d'Hazebrouck est un ancien combattant de 1870, et de plus, un colosse. L'attitude du jeune Von Kluck l'irrite. Mais son exaspération est à son comble quand il voit Von Kluck tirer de sa poche un cigare qu'il allume avec ostentation. Le sang du vieux combattant bouillonne. Il se pose devant l'officier, appelle une sentinelle, lui fait un signe. La sentinelle, d'un revers de main, envoie promener le cigare, Von Kluck pâlit et serre les poings. Mais le géant est devant lui, qui le fixe dans les yeux. Le jeune officier hausse les épaules et remonte dans son train.

Sur un quai de gare, un officier allemand prisonnier, est descendu malgré la consigne. Un territorial arrive pour la faire observer. L'officier lui donne une gifle. Alors le territorial lui enfonce sa baïonnette dans le ventre. Vieille histoire à moralité : Frappez et l'on vous ouvrira !

De nos goumiers. Une troupe a fait 11 prisonniers. Un officier les donne à garder à un goumier : « Tu m'en réponds ; qu'ils ne bougent pas ! Mais n'y touche pas. » 2 heures après, il revient : 11 cadavres. Explication, du goumier : « Li bougé tête, li tous tués. »

Rien à dire.

A la fenêtre d'un compartiment notre chef de gare voit un goumier. Il s'approche de lui et l'interroge :

— Eh bien, qu'as-tu fait ?

— Ti rien dire ?

— Mais non, tiens voilà une cigarette.

— Ti promets rien dire à sidi ? (l'officier).

— Mais non, je te promets.

Alors le goumier triomphant tire de sa musette une tête de boche...

Foncquevillers, 4 décembre 1914

On serpente à travers la plaine, dans le boyau de cheminement, fait de 1 m. 70 de profondeur, creusé par nos sections, où un homme de ma largeur ne peut circuler de front qu'en se résignant à laisser son beau manteau caresser de près la terre humide et en rapporter les traces. On arrive, après de longs détours qui rappellent le labyrinthe où Dédale ne se retrouva qu'avec le fil d'Ariane. Au poste d'écoute. C'est un endroit un peu plus large. Les sentinelles sont-là, courbées devant le créneau creusé dans la terre et bouché par le bouclier. A travers les fenêtres du bouclier,nous regardons la haie voisine, à une centaine de mètres. On ne voit rien, que la ligne de terre remuée par les Boches. Par contre, on entend. Les balles font, au-dessus des têtes, une musique rageuse. Oh ! qu'on voudrait voir ! Quelle est quelquefois décevante cette guerre où jamais on n'a devant soi, l'adversaire rêvé qu'on pourrait aborder face à face ! Mais non, il faut se résigner à revenir en arrière sans les avoir vus, en jetant un coup d'œil par les trous où nos chasseurs sont accroupis sur leur paille, grelottants de froid et d'humidité, car il faut bien le dire : les tranchées dont les journaux vantent les douceurs, ne sont pas celles qui sont si près de l'ennemi, celles-ci sont sans feu, ni confort. Et l'on n'y fait pas la fête ! On garde tout simplement le territoire. On guette l'instant où on pourra en reconquérir quelques arpents. Et cependant, nos hommes, infatigables terrassiers, travaillent dans la boue ; ils améliorent ou refont les boyaux anciens, ils en creusent d'autres.Ils aménagent les abris où les hommes peuvent venir se refaire des fatigues morales et physiques de leurs gardes de l'avant, ils sont maçons, couvreurs, charpentiers Sont-ils encore soldats ?

Et l'on demande quel jour, quel mois, se fera la percée, la trouée par où passera l'armée libératrice, celle qui repoussera véritablement devant elle l'envahisseur, celle qui sera assez nombreuse et assez forte et assez vaillante pour ne pas craindre les hécatombes de vies humaines que coûtera la victoire, le succès final !

Nous nous adaptons à l'endroit dont on ne parle plus de nous faire sortir. Et notre vie sans gloire et sans histoire, est presque la vie des gens heureux. Il est interdit maintenant d'écrire dans les journaux, cette interdiction, j'ai bien envie de la violer, j'ai envoyé aujourd'hui un quatrième article à *Excelsior*. Il ne compromettra pas les plans de notre G. Q. G. Il est purement anecdotique et général, cela fait une distraction d'écrire un peu.

✤

6 décembre 1914.

Décidément l'heure du courrier est l'heure des marmites. Voilà, dans la nouvelle cave où est installé le poste de commandement de la 2e compagnie, les ordonnances descendues avec nous ; ils ont entendu des marmites. Espérons qu'elles ne vont pas démolir une quatrième fois la maison où nous sommes terrés, car hier c'était la troisième à qui nous portions malheur. A Sailly, le lendemain de notre départ, la maison où nous étions installés pour les repas et qui appartenait à un policier retraité, plein de sinistres pressentiments, fut démolie par une marmite. Jamais deux sans trois, dit-on ; mais à trois, cela s'arrête, nous allons être tranquilles.

Ma section, tout à l'heure, patauge dans les boyaux de cheminement. Je viens de faire un tour dans ces boyaux, j'en reviens trempé jusqu'aux chevilles, et crotté jusqu'aux cheveux... Quel métier !

On dit que l'Italie a déclaré la guerre à l'Autriche. Cela va avancer nos affaires. Quel sale coup pour la fanfare à Guillaume...

✤

7 décembre 1914.
33e jour de Foncquevillers.

Que je voudrais que tu voies nos hommes revenus de leurs travaux de terrassements. Il y a là de quoi corriger les impressions trop optimistes des journalistes sur le confortable des tranchées ; nous avons retrouvé un domicile, un domicile où il y a des livres. Et la lecture fait tort à la correspondance. Je lis Montaigne... Quelle manière charmante d'oublier la guerre.

✤

9 décembre 1914.
toujours Foncquevillers.

Retirés ce soir dans notre cave, on me cria : « Lieutenant Nolent, un camarade qui veut vous voir ! » Je grimpai. Sur la route, des hommes soufflaient, exténués. C'était un détachement venant de Bernay, parmi eux G. L..., qui avait été évacué le 25 septembre, pour cause rhumatismale. C'était la veille du combat de Ginchy. On peut appeler cela les heureux rhumatismes ! Il m'apprit alors qu'il était versé à la 4e. J'ai bien vu qu'il désirait rester avec moi, je lui ai fait immédiatement visiter notre domaine de Foncquevillers, ses chemins boueux troués de marmites, ses maisons dévastées, ses boyaux et ses cahutes. Il m'a dit que cela lui faisait froid au cœur. Notre promenade nous a amenés jusqu'à la tranchée de notre capitaine, dans le chemin que nous avons appelé : avenue Hoche, il y a la rue Berthier, la rue de Wagram, la rue Monsieur le Prince, la rue du Périscope, le boulevard de la Chapelle, etc. Sans compter l'avenue des Champs-Elysées qui est le plus étroit de nos boyaux, où ma requête a été admise sur-le-champ, si bien que le brave G. L... a été immédiatement versé à ma section, 10e escouade, et que je me suis fait attribuer un de ses amis, sergent, qui est aussi de notre arrondissement.

Le bruit circule avec intensité que l'armée de Castelnau, à laquelle nous appartenons, va préparer et exécuter très prochainement, vendredi sans doute, une attaque générale, ayant pour objet la percée de la ligne allemande, en face de nous. On nous outille merveilleusement. Il est arrivé des canons porte-amarres qui lancent en avant des câbles de marine, s'accrochant aux fils de fer ennemis, et détruisant les obstacles. On a aussi des grenades à main, et des canons à courte portée. On nous fait prendre nos emplacements d'alerte. Les nôtres sont de premier choix.

Les chasseurs ont chopé une patrouille allemande de quatre hommes. Les Boches ne sont pas contents, ils bombardent ferme, mais dans notre cave, nous ne craignons rien.

✤

13 décembre 1914.

Encore une journée aujourd'hui qu'il faut marquer, non d'un caillou blanc, mais d'une pierre funèbre.

L'adjudant de bataillon est arrivé pendant notre déjeuner, la figure bouleversée, nous dire : Je viens vous annoncer une nouvelle : nous avions déjà peur de quelque défaite ! Heureusement c'était beaucoup moins grave, quoique encore infiniment navrant : Le colonel, nous dit-il, s'est suicidé d'un coup de revolver dans la tête !

Il nous arrive ici les renforts qui vont être chargés de l'attaque. Mais je ne crois pas que ce soit ici que se porte l'effort principal.

✤

14 décembre 1914.

La « Paix chez soi » est définitivement construite de façon à brayer sinon les obus, du moins toutes les intempéries de l'hiver. Mes ouvriers ont très bien travaillé, et je les ai royalement récompensés. Je suis dans une boite très bien confectionnée et qui sera, demain, coquettement aménagée, si bien que si le 26 décembre, nous revenons ici, comme l'indique le tableau de service, je pourrai y passer, dans un confort relatif, les fêtes du Jour de l'An. Tu pourras dire à J... que la carte d'Europe est épinglée devant une table de travail, et illustrée des trois cartes postales représentant nos grands chefs. J'ai tracé sur une carte les lignes allemandes, russes, françaises. Je me crois un grand stratégiste, et je fais mon petit général Joffre. Mes quelques livres sont bien rangés dans un casier. Ma table est assez grande pour que j'y puisse installer mes cartes. Je ne serai dérangé ni par les taupes importunes, ni par les pluies, c'est presque le bonheur.

L'attaque se prépare toujours. Mes hommes travaillent de jour et de nuit à l'installation de canons porte-amarres qui doivent être prêts pour demain soir. Ils sont exténués de fatigue, et leur courage fait mon admiration. G. L... qui me parlait d'eux, me disait qu'ils lui avaient confié ne plus marcher que par désir de satisfaire des officiers bons pour eux. Leur sort est quelquefois lamentable : cette nuit quand ils sont rentrés à 4 heures du matin de leur travail qu'ils accomplissent à 80 mètres des lignes allemandes, ils étaient trempés comme des soupes. Leurs capotes étaient traversées, et ils n'avaient pas, de nuit, l'autorisation d'allumer du feu pour se sécher, par crainte que les fumées lumineuses ne décélassent notre emplacement au tir des Allemands. Lui, G. L... parait plein de courage pour supporter cette vie de soldat moderne.

On a l'intention de nous adoucir par des gâteries, les fêtes du Jour de l'An, on nous a annoncé que nous aurions une orange, deux pommes, des noix, demi-litre de vin et une bouteille de champagne pour quatre ! « C'est la noce », disent nos poilus. Mais beaucoup voudraient être, ce jour-là, près de leurs enfants ; écris-moi, les lettres sont un aliment moral qui donne de la force à l'esprit.

15 décembre 1914.

Je voudrais que vers Noël, il y eut une trêve, ainsi que l'a demandé le Pape, et que l'a proposé, le président de la République des Etats-Unis. Mais nous sommes plus durs que les hommes du Moyen-Age. Ils admettaient la Trève de Dieu et la respectaient ; corrompu par l'esprit allemand, le militarisme d'aujourd'hui ne comprend plus, n'admet plus ces adoucissements de la guerre. Il est vrai que l'armée française a chèrement payé sa confiance. La 2e armée, commandée par le général Castelnau, l'armée à laquelle nous appartenons maintenant, avait accordé aux Allemands un armistice de 24 heures pour enterrer leurs morts. Les lâches en ont profité pour améliorer ou fortifier leurs positions. Le respect de la parole jurée, la loyauté, la bonne foi, n'existent plus, pour des gens qui considèrent les traités comme de simples chiffons de papier.

On parle, de plus en plus, d'une attaque sur Gomécourt ; Gomécourt est un village qui s'avance en pointe, entre Foncquevillers et Hébuterne, et qui fait un coin sur notre ligne de tranchées. La décision est prise de l'enlever de vive force. Ce ne sera pas commode, car nous avons, en face de nous une brigade de la garde.

L'autre jour on a pu ramasser un cadavre d'Allemand, tué par une patrouille du 66e chasseurs. C'était un grand jeune Allemand, de 18 ans, merveilleusement propre et fort bien astiqué, ce qui prouve qu'il n'avait pas passé longtemps dans les tranchées. Il appartenait au régiment Elisabeth, un des meilleurs de la Garde. Mais c'est, en face, comme chez nous, les meilleurs régiments ne sont plus composés que de toutes jeunes recrues, ou de vieilles réserves, l'active a fondu comme de la cire, aux premiers feux brûlants de la guerre. Notre nouveau colonel probable, est un chef avide de se distinguer ; j'ai meilleure idée de son ardeur que de la modération de son esprit. Et notre 17e aurait besoin de plus de repos que d'aventures.

Mais cependant, il faut avoir confiance en Dieu, advienne que pourra Il faut bien que la bravoure exaltée des uns, compense un peu la pusillanimité décourageante des autres.

Si tu restais deux ou trois jours sans avoir de nouvelles ne t'inquiète pas pour cela. Si j'étais blessé je te le ferais savoir immédiatement. Je te souhaite, après cette lettre qui est peut-être inquiétante, un bon courage.

16 décembre 1914.

Eh ! bien, notre attaque a eu lieu, et nous sommes encore là, parfaitement vivants et intacts. Oh ! ça n'a pas été un exploit qu'on mettra dans le communiqué officiel, et les historiens passeront, sans doute, sous silence, cet incident sans gloire.

Je vais à la brigade installée dans la petite chapelle bâtie à l'intersection des deux routes. Les mines sont mi-désappointées, mi-amusées. Voilà, on a lancé les crochets des canons porte-amarres, le premier n'a rien ramené, le second, un bout de bois, le troisième un mètre de fil de fer. Cette fois on a cru que le chemin était ouvert et une patrouille de marins a rampé jusqu'à la tranchée boche. Mais les fils de fer étaient encore là : les marsouins ont été accueillis à coups de fusil, une quarantaine sont démolis.

Ils reviennent, les patrouilleurs rescapés, les voilà ! Ils ont fait de la reptation dans la boue ! Aussi, bien qu'ils soient gras jusqu'aux oreilles, ne peut-on leur reprocher aucune obésité ! Ils ont le visage terreux et les yeux ébahis, l'oreille basse. Ils me racontent leur histoire, il y en a cinq qui sont restés. L'un d'eux n'était que blessé, mais on a vu les Boches sortir et l'achever à coups de baïonnette. On les a envoyés trois fois, ils ont avancé sans être vus et ont coupé le fil de fer, la seconde fois, ils se sont heurtés à la tranchée formidable des Allemands qui les avaient laissés s'avancer. Cette tranchée, c'est comme une fortification. Il y a, non du fil de fer, mais de véritables grilles établies sur du ciment... Alors, c'est dur...

Ce sont tout de même de braves gens. J'ai mon kodack à la main, je les photographie et rien que la promesse de leur envoyer une épreuve ramène un sourire sur leur visage fatigué et dans leurs lèvres, le plus joyeux : Merci, mon lieutenant.

17 décembre 1914.

Monsieur Mercier du Paty de Clam, est bien le nouveau colonel de notre régiment. Nous avons un colonel illustre et héroïque. Quand notre vieil ami le colonel Selva, du 294e, a su cela, il a dit ironiquement : « Vous êtes fou... »

Nous entendons gronder le canon du côté d'Arras, sans discontinuer. Il se passe par là, quelque chose, et il court des bruits très optimistes. On dit que le général de Maud'huy a avancé de 7 kilomètres. C'est encore une fois trop beau pour être cru. Ici rien à signaler, sinon que sur une vingtaine d'obus envoyés par les Allemands aujourd'hui, dix environ n'ont pas éclaté.

Le fait suivant s'est produit Les tranchées françaises et les tranchées allemandes sont voisines de 30 mètres ; 300 soldats allemands et 300 Français se sont rencontrés à mi-route et ont trinqué. Les Allemands avaient apporté de la Chartreuse et des cigares, et essayaient d'attirer les Français chez eux. De notre côté, il y avait des officiers. Un soldat français est allé dans la tranchée allemande voir comment elle était faite. Il en est revenu, il a été mal accueilli, car on l'a fusillé avant-hier à Souastre. C'était un Alsacien, ancien déserteur de l'armée allemande. Il a été crâne et a commandé lui-même, le peloton d'exécution.

25 décembre 1914.
Foncquevillers

Merci des petits cigares que, sous la forme d'un planton barbu, le petit Jésus, sans doute, est venu mettre dans les souliers de ma section.

Hier soir, la nuit était magnifique, comme une nuit de rêve et de légende, et celle où naquit le divin enfant, ne fût sans doute ni plus bleue, ni plus étoilée. La lumière de la lune était d'une douceur attendrissante, sur la pâle couche de neige qui dessinait au loin les contours de la plaine. On s'attendait au calme des hommes, dans cette sérénité des choses... Hélas !

De la ligne des tranchées allemandes, des voix montaient, des voix brutales et avinées qui troublaient le silence de la nuit, des rauques accents de leur « Wacht am Rhein », ou de leur « Deutschland über alles ! ». On riait, on chantait, on buvait en face ; chez nous, on était sage et recueilli, et comme d'habitude, les sentinelles montaient leur garde. A un moment donné il leur sembla entendre même, les Allemands qui les appelaient : « Kameraden ! Kameraden ! cigarettes ! » Et cette fois, il sembla à ces braves chasseurs que l'ironie était cruelle et la plaisanterie par trop lourde. Alors l'air rempli de chants fit entendre le hurlement, le crachement, la toux d'acier de nos canons, et la plainte des obus à travers le ciel... et une pluie de fer s'abattit sur les chants, transformés, en un instant, en cris d'épouvante.

Un lieutenant de chasseurs cria en allemand : « Il est servi à point, hein, les Boches, le gâteau de la Weihnacht ? » Mais il n'obtint pas de réponse.

Cependant, dans les rues de Foncquevillers, quelques officiers, quelques hommes, se dirigeaient vers une grange. Dans la journée on l'avait vidée de son grain, on avait retiré la batteuse mécanique, qui fonctionne chaque jour en dépit des obus, grâce aux connaissances agricoles de nos territoriaux. De l'église, dont le clocher vacille, et dont les murs sont éventrés, on avait retiré quelques pauvres draperies, une douzaine de petits oriflammes, le plus petit, le plus dénudé des trois autels.

Deux flambeaux d'argent l'enrichissaient. On avait essayé d'amener l'harmonium, mais ses cordes avaient été accordées au grincement des marmites boches, ses planches étaient disjointes, et la brigade apeurée avait défendu la musique.. Et pourtant, de l'autre côté, on entendait l'accordéon !

On était bien 200 dans la pénombre, au milieu des poutres de la grange, quand la clochette annonça le commencement de notre messe de minuit. Le prêtre était infirmier du 294e, les servants, en habit militaire, étaient des prêtres aussi. Les deux flambeaux avaient été allumés, une lanterne jetait dans le vaisseau du vaste toit, une lueur blafarde. Dans un coin, quelques soldats, et quelques officiers, se tenaient penchés sur des livres de chant... Une seule bougie, tenue par le plus grand, éclairait leurs mâles figures de guerriers.

Et tout à coup, après que le prêtre eut prononcé les premières prières de la messe, la voix des soldats, douce comme des voix d'enfants, commença dans une sourdine joyeuse l' « Adeste fideles... »

Et je t'assure que ce fut vraiment émouvant !

Mais voilà que le chant très doux fut couvert par le tonnerre de notre 75. La pauvre grange de pisé, se mit à trembler dans toutes ses poutres, comme une vieille femme tremble de tous ses os quand elle a peur. Mais le prêtre à l'autel, accomplissait les rites avce la même lente solennité, le chant très doux continua, et le sifflement continu de nos obus sur nos têtes, ne troubla en rien notre pieux recueillement. La voix des chantres montait, ils entonnaient le « Noël », d'Adam. Un margis d'artillerie, un ténor à la voix prenante et chaude, nous invita à chanter notre délivrance. La musique superbe prenait des notes militaires, les paroles, un sens symbolique. Notre « Noël » éclata, malgré nous, comme un hymne de victoire.

Et de nouveau les vieilles poutres grincèrent, les murs furent ébranlés, cette fois, les Allemands répondaient, et les marmites arrivaient, et de nouveau, on fut calme, impassible. On n'en chanta qu'avec plus de cœur malgré la défense de la brigade, et les cadeaux de Noël des Allemands.

La messe s'acheva sur le chant de : « Il est né le divin enfant ». La vieille mélodie réveilla dans la mémoire, tous les Noëls des temps passés, les Noëls de l'enfance et du collège, les Noëls parisiens, les Noëls de la famille et de la joie. Et quand le prêtre nous fit réciter avec lui un Pater et un Ave pour ceux de nos camarades qui font de Foncquevillers un cimetière, nous joignîmes les mains comme dans notre première enfance.

En sortant le capitaine vint avec moi jusqu'à notre maison, prendre une tasse de chocolat, pour finir cette soirée de Noël inoubliable ; et il y a une telle force de douceur et de charme dans cette fête, que pour ma part, quand il fut parti, je m'endormis doucement comme bercé par les anges et non par la mitraille.

✤

27 décembre 1914.

Le Jour de l'An, je serai dans les tranchées de première ligne. Car admire la logique militaire : Nous sommes atteints de la fièvre typhoïde, donc fatigués. Alors on nous envoie juste à côté, à Bienvillers, où le service est le même avec cette différence qu'au lieu de passer quatre jours sur seize en première ligne, on en passera 4 sur 8, et dans une position plus proche des Boches.

✤

29 décembre 1914.

A Bienvillers, notre compagnie n'est pas encore trop mal partagée. Il n'y a qu'une section en première ligne, dans les tranchées mouillées. Pour y arriver, on a de l'eau littéralement jusqu'à mi-corps. C'est vraiment épouvantable, on ne peut porter la nourriture que la nuit. Deux autres sections sont dans des tranchées de deuxième ligne, pas confortables, mais plus abritées et plus accessibles, et assez proches du village, pour que les officiers viennent prendre leur repas au poste de commandement.

✤

Hamescamps, le 31 décembre 1914.

La soirée du 31 décembre se passe ici après une partie de manille en compagnie de mon ami M..., avec qui je viens d'avoir une pique, parce qu'en effet, le commandant du 294e, qui commande notre secteur, vient de me faire avertir qu'il fallait s'attendre à une attaque pour cette nuit. Le corps anglais d'Arras est attaqué et le 10e Corps,à notre Sud, se prépare. Alors, je trouvais qu'il était élémentaire que le chef de section aille coucher avec sa section. Il en a jugé autrement, d'où brouille.

Donc nous nous attendons à avoir une petite nuit un peu troublée. Mais cela n'aura aucune importance, comme les nombreuses alertes que nous avons déjà eues. Et cela ne m'empêchera pas de songer à la douceur du home que je ne goûterai pas ce soir.

Je me sens ce soir vide de pensées, sinon de sentiments. On est tout de même un peu mélancolique d'être loin de chez soi, en ce jour de fête. Et puis, ces jours-là, on raconterait volontiers sa fatigue...

✤

Hamescamps, 1er janvier 1915.

Je t'écris en sortant de la table la plus joyeuse qui puisse être de la ligne de l'Yser aux Vosges...

Le régiment est une grande famille et les soldats sont de grands enfants, même les officiers. Nous avions une nappe, des serviettes, deux lampes, des abat-jour faits avec les couvercles métalliques des boîtes de conserves et cela a suffi à donner à notre cambuse un air de palais... à nous faire oublier nos fatigues...

Les soldats, eux aussi, ont eu leur fête ; j'entends nos ordonnances dans leur cave, plaisanter et rire. L'un d'eux, Dulong, a du vent dans les voiles ! Il parle des étrennes qu'il ne peut plus donner à sa femme, avec les petites mines des poivrots, ce qui déchaîne chez les camarades, des rires homériques. Et voilà la guerre : un mélange de tragique et de grotesque, vraiment bizarre...

Bienvillers, 2 janvier 1915.

Ce fut aujourd'hui une journée de déménagement ; nous nous sommes transportés d'Hamescamps à Bienvillers.

3 janvier 1915.

Voici le menu que tu auras, par tes largesses, aidé à composer demain :

Le bouillon de la petite marmite à la crème de riz ; le saucisson généralissime ; le plat de bœuf à la Lazare Hoche ; Le Chanteclerc du Périgord ; les petits de la morue ; la salade de la Pilitza ; le gâteau aux marrons d'Eschandelis ; les desserts de Bienvillers et d'ailleurs ; un coup de pinard ; le champagne de la prochaine victoire ; les liqueurs des bons poilus.

Tu vois que Bienvillers est hospitalier, et qu'on y préfère des festins.

Aujourd'hui, messe dans une église atteinte par les obus, et dont le toit est troué vers le ciel. Prône du curé qui nous a conseillé de respecter ses paroissiennes, ce que les médecins conseillent aussi.

4 janvier 1915.

Les hommes de Bernay, au nombre de 150, sont arrivés ici par un détour. Pour les faire partir, on a demandé des volontaires qui voulaient bien aller constituer le premier bataillon à Chartres. Il s'en est présenté beaucoup, jamais la cathédrale de Chartres n'eut autant d'admirateurs. On les conduisit bien vers Chartres, mais voilà qu'à Chartres, le train ne s'est pas arrêté, et a continué vers Achères, et plus au Nord. Ils se croyaient partis pour Ypres, ils se sont encore estimés heureux de s'arrêter ici. Il y a plusieurs d'entre eux qui ont demandé à être versés dans ma section.

Le capitaine X... est un tout petit homme, maigrelet, avec un air farouche, une moustache guerrière et une âme de lièvre. Un bibelot d'étagère, purement grotesque. Le Jour de l'An, il était chez un autre capitaine, silencieux au milieu d'une brillante société. Quand on le vit, tout d'un coup, se lever comme mû par un ressort tel un polichinelle qui sort de sa boîte. Il ouvrit dans un geste dramatique sa poitrine et déclara : « Permettez-moi, Messieurs, de vous montrer ma cuirasse ». Et nous vîmes qu'il était bardé d'acier comme un chevalier du Moyen-Age. On en rit bien, et cela m'inspira ces vers hérédiesques :

O ! cuirasse d'acier du vaillant capitaine,
Dont le métal brillant au reflet clair et froid,
Défend son cœur, non contre un impossible effroi,
Mais contre les dangers qui parsèment la plaine.
Tu rayonnes vraiment. Aux capotes de laine,
Aux pantalons de drap garance ou bleu de roi,
Qu'ils soient d'Elbeuf ou de Sedan, ou Charleroi,
Préférons un habit de mine plus hautaine.
Empruntons aux héros des passés fabuleux
Leur casque et leur haubert ou les cuissards des [preux,
Qui nous apporteront leur prestige et leur gloire.
Ouvrant sur sa poitrine un élégant dolman,
Dans l'acier de son âme et de son vêtement,
X... nous découvre un moyen de victoire !

Ce sonnet dont l'ironie n'échappa qu'à celui auquel elle était destinée, eut un petit succès ; il n'est pas sans défaut, mais il vaut une longue lettre.

5 janvier 1915.

Encore une journée de calme absolu, de vrai repos. Nous n'avons pour nous ennuyer que le bruit de la lourde, notre voisine, qui fait, d'ailleurs, d'excellente besogne, puisqu'elle a démoli hier, un poste de commandement de Monchy. On s'apercevait depuis quelque temps, qu'une petite maison de ce village, dont nos tranchées ne sont éloignées que d'une centaine de mètres, était visitée chaque soir, par une automobile et l'on en a déduit que c'était un poste de commandement.

La maison a dégringolé dans les 24 heures !

On a revu les Boches y revenir, paraissant très affairés, on a de nouveau tapé dedans, et depuis on n'entend plus, dans cette partie de notre ligne aucun coup de fusil...

Les cas de gelures de pieds ne se comptent plus et malheureusement il y a aussi des cas d'ensevelissement dans la terre qui croule, et l'enlisement dans les boues trop profondes, morts cruelles, et qui ne valent pas la mort par un obus, ou par une balle.

6 Janvier 1915.

Nous revoilà pour deux jours dans la vieille maison presque unique d'Hamescamps, l'endroit le plus désolé qui puisse exister sur la terre. Après-demain, deux jours de marinade dans la tranchée de première ligne, dans la plaine, en face d'Hamescamps.

7 Janvier 1915.

Moser, commandant la compagnie, et moi, nous étions installés dans la chambre de la pauvre masure meublée de deux lits de bois, dont les montants sont cloués au plafond, devant la grande cheminée où nous faisons, à grand'peine, flamber et fumer un feu de bois vert. C'est sale à souhait. Les occupants étaient naguère deux vieillards de 82 et 80 ans, qui étaient restés stoïquement cloués à leur fauteuil de paille, pendant toute l'occupation allemande, qui a duré 48 heures, et pendant le combat livré par les Français, qui a duré 3 jours. Un obus a pénétré par la muraille de pise. Le vieux, au coin de son feu, a été touché, mais il n'a pas bougé. Il a fallu que les médecins français arrivent pour le soigner. Plus cruelles pour lui que les Allemands, les autorités françaises ont contraint ces Philémons et Baucis, d'Hamecamps, à quitter leur pauvre demeure autour de laquelle tout à flambé.

Dans la cour, une grange superbe, dont le linteau de pierre porte la date 1652, n'a plus que deux murailles de pierre de taille noircies par le feu. Où sont-ils partis les pauvres vieux ? On n'en sait rien, mais on a inscrit dans la cuisine une recommandation à ceux qui occuperaient la demeure : « Soignez-la bien ! » Hélas ! comment faire, on y habite à 25 !

Pan, pan, c'est le sergent E..., il est brun, tout brun comme un homme de bronze. « Bien voilà, il n'y a plus de place pour tout le monde, là-bas. Dans le boyau, on ne peut pas plus de 30 ; tout est éboulé, et la paille, c'est du fumier. Il y a 50 centimètres d'eau ! »

J'ai voulu revenir par la plaine, je me suis fichu dans le fossé. Je vous assure que ça fait un drôle d'effet. Je me relève, je me recolle dans un trou de marmite, j'en ai jusqu'au cou. Je me relève une troisième fois, je glisse dans la boue et je ramasse une troisième pelle. On n'a jamais vu nuit pareille ! C'est clair comme le c... d'un nègre ! Et les cochons de Boches qui tapent. Il n'y a pas de quoi rigoler ! Et le sergent E... est invité à se sécher un peu, après quoi on l'installe dans la cave, avec cinq hommes.

Nous faisons acheter des salopettes ou des cuissards imperméables pour aller barboter à notre aise.

---

8 Janvier 1915.

Je suis en tranchée de première ligne, avec ma section. C'est pour les pauvres gens un véritable martyre. Notre tranchée est une sorte de fossé de deux mètres de profondeur, de forme rectangulaire. Il est rempli d'eau de 10 à 50 centimètres selon les endroits ; donnent également sur le fossé, des trous également rectangulaires où l'eau monte un peu moins et qui sont couverts de tôle ondulée. C'est là qu'on loge sur du fumier humide, toiles de tente imperméables, sacs de couchage n'empêchent pas que l'on sente l'humidité, que l'on soit littéralement mouillé par-dessous. Et comme il pleut comme un déluge, on ne peut naturellement remuer sans s'emplir de boue. Nous en sommes littéralement submergés. Il y a 48 heures à vivre là-dedans. Il faudra que j'aie demain un bien grand courage pour te continuer mon journal quotidien.

Voilà mes sentinelles qui tirent, je vais aller voir sur quoi ?

Bienvillers, 11 Janvier 1915.

Le commandant X... est revenu. Il a pris possession du Palais Royal construit sur mes plans.

Le premier jour même, le palais s'est éboulé ! Ce n'est pas le Monsieur qui supporte, impassible, les ruines qui lui tombent sur la tête. Il a déménagé, cherché une maison tranquille. Un obus l'en a fait de nouveau déménager. Il est errant ! Le pauvre homme ! !

---

12 Janvier 1915.

Ce matin, on nous annonça qu'un homme de la 3e avait été tué d'une balle au front, de nos tranchées. A peine, cette nouvelle était-elle arrivée que les Boches se mettaient à bombarder Bienvillers. Après notre déjeuner, nous eûmes la corvée d'aller voir 8 blessés frappés dans une maison, à proximité de la nôtre, par une marmite, et tous, d'ailleurs, atteints assez peu grièvement. Enfin le commandant, au retour de cette visite, s'était assis à son bureau dans notre salle à manger, quand un obus éclata dans le jardin et brisa les carreaux, et lança un éclat qui vint tomber aux pieds du brave homme. Je lui ai conseillé de venir se promener un peu plus loin, sur la route, ce qu'il a fait volontiers. D'ailleurs, ce bombardement n'a pas duré et nous sommes rentrés tranquillement faire une interminable partie de manille jusqu'au dîner.

J'aurais plaisir à causer avec le maire de Roye. Tu pourras lui dire qu'il doit désigner exactement l'endroit où nous nous sommes battus contre une flanc-garde remontant de la bataille de la Marne. Ginchy et les Bœufs sont entre les mains des Allemands, ainsi que Hers, le Sass, Martinfinch, Puisieux, Irles, Miramont, Achiet-le-Grand, Achiet-le-Petit, etc. La ligne de nos possessions est celle-ci : Ransart, Berles-au-Bois, Hamescamps, Foncquevillers, Hébuterne, Colincamps, la ferme de Lassigny, Auchonvillers, une partie de Beaumont-Hamel, Tiepval, etc., en allant du Nord au Sud, dans les pays que nous avons parcourus.

---

13 Janvier 1915.

Aujourd'hui, journée de visites, ou journée mondaine, comme tu voudras. Le lieutenant de Phalandre m'avait invité à venir partager, à Berles-au-Bois, le déjeuner de la 12e et du colonel du Paty de Clam.

Le héros de l'affaire Dreyfus et du Quesnoy, est vraiment un des hommes les plus séduisants, les plus captivants que j'aie rencontré dans mes pérégrinations. Le premier abord même, vous conquiert par une simplicité presque négligée. Maigre, de taille moyenne, le teint bistré, les traits réguliers, tirés par la fatigue, mais la moustache encore blonde, le colonel du Paty paraîtrait encore jeune dans sa capote de soldat usagée par la campagne, s'il n'était un peu voûté. Et il a 62 ans. L'abord est cordial, sans aucune pose, ni solennité, ni prétention. Il ne s'impose pas par ces moyens-là. Mais quand la conversation s'anime, et j'ai retrouvé aujourd'hui un don que j'ai quelquefois : celui de faire parler les gens de ce qu'ils savent et de ce qui les intéresse, on s'aperçoit qu'on a devant soi un prodigieux cerveau, où bouillonnent, où jaillissent des flots, d'ailleurs très clairs et très purs, idées, souvenirs, aperçus philosophiques, anecdotes, etc., tout cela nourri par une incroyable nappe de connaissances universelles.

Le colonel du Paty de Clam sait l'allemand, l'anglais, et toutes les langues slaves. Il récite successivement des vers de Mallarmé et de Virgile. Il fait une conférence sur les campagnes de Napoléon ou sur les positions de Brenner. Il apprécie d'un trait pittoresque et marqué les politiques, les généraux, les diplomates, qu'il connaît tous.

Jeune, il a couru 20 ans au concours hippique. Réintégré dans l'armée par Millerand, à qui il avait été dévoiler le plan de mobilisation austro-allemand, il est parti comme simple soldat, parce qu'il ne voulait pas aller, comme l'indiquait sa lettre de service, en qualité de commissaire d'étape, à la gare d'Arpajon, voir passer les trains de blessés. Il est parti, sa musette sur le dos, dans la compagnie de son fils. Il a chipé un cheval aux Allemands, et depuis ce jour, a été monté. Puis on lui a rendu ses galons. Il a rallié le corps d'armée de Sarrail, quand, abandonné par son chef. Et enfin, deux fois blessé déjà, et revenu sur le front, il est entré à la tête du régiment qu'on lui avait confié, dans le village du Quesnoy, occupé par une division allemande, en chantant la *Marseillaise !* Comme disent nos soldats, c'est un poilu, et en même temps, c'est un délicieux causeur. Nous avons parlé de l'affaire Dreyfus. Il est inépuisable, comme bien tu penses, sur ce sujet. Nous avons blagué la magistrature, et daubé sur les gouvernants. Et nous nous sommes quittés les meilleurs amis du monde.

⁂

Hamescamps, 14 janvier 1915.

Nous revoici à Hamescamps, dans la masure. Et le planton vient de nous avertir de la part du commandant du 294e qu'il fallait se tenir prêts à une alerte pour cette nuit. Or nous revenons des lignes, où le capitaine des Roys n'avait encore jamais été, et nous les avons parcourues sous une fusillade intermittente, mais assez nourrie. Ces petites promenades dans la nuit sont tout à fait dépourvues d'agrément. Aujourd'hui, dernière journée de Bienvillers.

⁂

Hamescamps, 15 janvier 1915.

Nous avons eu aujourd'hui, à déjeuner, notre commandant ; nous l'avons promené dans les ruines émouvantes de notre malheureux village, lui montrant l'endroit où tel fut tué, le coin où sauta un caisson de munitions allemandes, les débris de la bataille, qui jonchent le sol : képis, sacs, cartouchières, l'obus non éclaté, fiché dans l'église, tous les détails enfin qui permettent de revivre la bataille de 36 heures livrée en octobre, autour d'Hamescamps.

Puis j'ai été avec L.-J. prendre une leçon de mitrailleuse. Quel joujou précis et admirable que cet outil terrible de mort. On faisait la théorie dans la grange attenante à notre maison, sur la pièce de réserve qui n'était pas en ligne. Un caporal expliquait à nos territoriaux attentifs le rôle des différentes pièces, le sens des différents commandements. On les voyait penchés et attentifs comme l'enfant qui cherche à comprendre le secret d'un jouet mécanique et l'on évoquait les 100 coups à la minute que, dans un tic-tac homicide, le canon de bronze tout menu peut jeter.

La 56e division serait relevée très prochainement par les Anglais. Elle est destinée à aller en Alsace, dit-on.

⁂

16 janvier 1915.

Je prends la tranchée. Je vais me vêtir de bure comme un moine. Et les tranchées sont en effet des cloîtres moins la paix et la sainteté des propos. Nous allons avoir encore un temps affreux. Le vent souffle terriblement en tempête, il est sinistre. Et j'ai peur que nous n'écopions encore dans tous les sens.

⁂

Bienvillers, 18 janvier.

Quatre lignes au retour de la tranchée.

Neige, neige, neige ! ! C'est extrêmement pénible et dur, la plaine est toute blanche.

19 janvier 1915.

J'ai eu très froid, l'onglée m'a saisi et j'ai eu un vertige assez prolongé qui m'a contraint à m'appuyer quelques minutes sur le bras d'un homme. Je me suis reposé longuement ce matin. Une histoire et un renseignement pour vous prouver que je ne suis pas mourant :

L'ami du soldat, c'est le vin ou le pinard. Mais les gens de Bienvillers vendaient leur vin tellement cher que cela provoqua presque une émeute parmi les marsouins. L'autorité militaire dût prendre une mesure sévère. On fixa le prix maximum du vin rouge à 14 sous et celui du vin blanc à 15. Or un de mes sergents, épicier de son état, se présenta chez une marchande de sa connaissance. Trois pièces de vin, toutes neuves venaient d'être apportées dans la boutique. Ah ! aujourd'hui, mon bon m'sieu, j'pouvons point vous vendre de vin !... — Mais pourquoi ? — Ah ! j'le payons trop ché !... — Allons donc, vous gagnez encore, et puis qu'en ferez-vous ? — Ah ! j'vous en vendrons point ! — Mais alors vous le garderez ? — Non t'nez j'vous en vendrai d'main, si vous voulez... — ? ? ? — Mais oui, faut que j'mettions d' l'iau d'dans !...

Tête du sergent !...

20 janvier 1915.

On bombarde assez violemment Bienvillers mais Bienvillers est un grand village, presque aussi étendu que la moitié au moins de notre ville.

21 janvier 1915.

Cette fois, cela me paraît sérieux ! Le rapport porte aujourd'hui que la 163e brigade sera relevée par la 164e — 21 et 22 — Que les régiments partent de leur cantonnement de repos demain matin 22 janvier.

22 janvier 1915.

Je viens de dévorer tout un livre d'Ernest Daudet « De la Terreur au Consulat », assez intéressant, mais qui, en somme, peint une épopée dont les agitations semblent maintenant mesquines en comparaison du grand événement dont nous sommes les obscurs acteurs.

Hamescamps, 23 janvier 1915.

Nous n'avons plus à passer que 21 heures dans ce pays d'Hamescamps qui est vraiment désolé comme un cercle de l'enfer. Et mes pressentiments me disent que je ne le reverrai pas, du moins pendant la guerre... Nous voici partis, en route pour Villers-Bocage ; nous allons y aller en automobile...

Flesselles, 13 février 1915.

Nous allons recommencer la vie de tranchées dans quelques jours ou plutôt, je pense, dès après-demain...

La vallée de la Somme, avec tous ses marais que tu connais, est fort jolie. Nous partons à une heure du matin, pour Fontaine-les-Caffry, qui n'est pas dans la vallée.

Nous sommes momentanément rattachés au 14e corps.

15 février 1915.

Nous voici installés dans notre nouveau commandement. Comme pays, c'est assez joli, un tout petit bout de vallée, un petit creux où quelques maisons se nichent autour d'une très modeste église. De modestes collines, quelques grands bois, jadis, avant la guerre, une usine, un château avec un grand parc triste, tout cela désert, abandonné, désolé par la guerre, détruit par la mitraille.

Nous sommes arrivés de nuit à Fontaine-les-Caffry qui a l'importance et l'aspect de quelque Manneville-la-Raoult, ou de Tricqueville. Nous nous y sommes acheminés, par une nuit sombre, dont l'obscurité vibrait des lueurs nombreuses des projecteurs, et s'allumait, quelquefois, des fusées éclairantes, bleues comme les bengales de fête si bien qu'on aurait pu croire se rendre à quelque 14 juillet. Les hommes chantaient pourtant sous le sac, car rien n'est pénible comme la marche de nuit, et à mesure qu'on approchait, les bruits sinistres dont on s'était facilement déshabitué, le claquement des coups de fusil, le sifflement des balles, le grondement du canon, s'imposaient de plus en plus, à nos oreilles. On est arrivé : longue station sur la route. Il faut défiler, un à un sur un sentier glissant, qui domine un ravin profond d'où saillissent de grands arbres. On se cogne le nez sur le voisin, je crains d'égarer mes hommes, et je fais le chien courant tout le long d'une colonne d'hommes endormis et grognons. Enfin, nous voilà au fond. On distingue quelques vagues maisons. Un sergent du 99e, nous montre le cantonnement c'est infect !

17 février 1915.

Un malheureux colonial du 80e, qui venait relever le 99e, a été blessé en arrivant dans le village et c'est B... qui a été le panser.

19 février 1915.

Nous allons rester quatre jours de plus que je ne le croyais à Fontaine-les-Caffry, mais nous allons aller un peu dans les tranchées de première ligne. C'est un événement qui ne me cause aucun déplaisir, car dans la tranchée on a une vie ascétique qui ne me déplaît point.

20 février 1915.

Nous étions avertis que nous avions alerte. Une compagnie du régiment actif, notre voisin se trouvait dans une situation dangereuse et nous devions aller la renforcer. Or, nous sommes restés alertés de 3 heures à 11 heures du soir, pour le motif suivant : On craignait l'explosion d'une mine allemande au-dessous de nos tranchées. C'est une menace qui laisse nos soldats plus tranquilles que tu ne le pourrais croire. Il semble qu'un sentiment de terreur doive étreindre le cœur, à la pensée que, sourdement, au-dessous de soi, l'ennemi, tapi dans ses cheminements souterrains, a porté l'engin qui portera la dévastation dans la tranchée, c'est-à-dire dans le domicile. Eh ! bien, nos poilus s'y font, comme les voisins d'un volcan s'habituent aux caprices du cratère. On prend quelques précautions, et l'insouciance qui entre pour beaucoup dans le courage, ce don d'oublier le danger, qui est un des caractères de notre troupier, reprend le dessus. Or, ce matin, la mine suspecte a sauté. C'est un pétard qui a fait long feu. Un abri a été bouleversé, mais personne ne se trouvait dedans. Seul un malheureux caporal, mineur de son état, a été victime de cette explosion. Repris par l'attrait de son métier, il voulait travailler avec notre génie, qui, lui aussi, cherchait à faire sauter une tranchée allemande. Or, ce matin, le commandant Q..., en allant visiter la compagnie, dit au capitaine : « Le caporal ne doit pas travailler avec le génie, qu'il rentre ». Le caporal n'est pas rentré, on le croit pris dans l'éboulement.

21 février 1915.

La vie continue ici un peu monotone, à peine troublée par le tragique qui sillonne l'air sous forme d'obus ou de balles. Le temps, malgré d'assez fréquentes averses, est doux, et quand le soleil se met de la partie, charmant. Dans les bois, on sent déjà les effluves qui font pousser les bourgeons, et les oiseaux s'en donnent déjà à cœur-joie de chanter au-dessus des tranchées. Au moment où je t'écris, il y a un joli crépuscule rose derrière une hêtraie, devant ma porte, qui est du plus joli effet. On oublie la guerre.

Et pourtant notre déjeuner a encore été interrompu par un léger bombardement sur notre château, ce qui nous a fait descendre dans la cave. Résultat : un blessé, légèrement. Cela ne nous a pas empêchés de faire une belle partie de bridge.

22 février 1915.

Par alerte, au moment où j'allais t'écrire, nous sommes appelés à aller renforcer en première ligne, une compagnie du 99e. Je vais donc, probablement, aller passer la nuit dans les tranchées. Pas le temps de t'écrire. A demain.

24 février 1915.

L'alerte d'avant-hier s'est très bien passée, sans dommage pour nous, ni personne. La nuit fut même intéressante. Nous partîmes par les longs boyaux, avec ma section dont les hommes étaient quelque peu inquiets de la mission spéciale qu'on leur confiait. Ces ravins de Fontaine-les-Caffry aménagés pour la guerre, sont vraiment curieux. On pénètre dans la partie supérieure du bois par un escalier taillé dans la marne, et qui n'en finit pas. Nous arrivons parmi une compagnie de Méridionaux. Ils vont probablement faire des choses intéressantes, que dis-je, héroïques. Il ne s'agit pas d'une patrouille, ni d'une reconnaissance, mais d'une entreprise, d'un véritable coup de main. On disperse mes hommes dans les sections qui doivent fournir les patrouilleurs. Alors, je reste avec les officiers de la compagnie dans le poste du commandement. C'est un abri bas couvert de bois. Il sera, d'ailleurs le décor d'une saynète dramatique en 2 actes, dont l'idée m'est venue dans cette soirée, et que je suis en train d'écrire. La besogne me passionne et m'empêche de te décrire longuement ma nuit. Mais cela fera partie de mes œuvres de la guerre.

Nous sommes ici, à Proyart, au repos. C'est un village où le 29 août, eut lieu un combat sauvage, où plus de 2.000 Allemands moururent, et environ seulement 800 Français. Les Allemands étaient 70.000, les Français : pas 12.000.

On espère beaucoup ici que les événements vont se précipiter.

1er mars 1915.

Nous faisons quelque chose qui m'amuse et que je ne puis te raconter.

4 mars 1915.

Notre vie de tranchées est d'une effrayante monotonie !... Le grec m'occupe beaucoup. J'ai bien lu aujourd'hui 300 vers d'Homère dans le texte... Et il se trouve que je fais une besogne de véritable actualité.

Voilà, de nouveau, l'Orient grec à la mode, avec le bombardement des Dardanelles. Le bruit court avec la rapidité d'un canard non domestiqué, que nous formerions le corps de débarquement à Constantinople. Quel rêve merveilleux ! Quelle admirable façon de terminer cette guerre, en croisés allant planter la croix sur Sainte-Sophie, où le croissant brille d'un éclat déclinant depuis cinq siècles ! Mais naturellement, c'est trop beau pour être vrai ; cela vaut, tout au plus la peine d'être caressé par l'imagination comme un agréable rêve.

9 mars 1915.

Nous sommes toujours dans la même tranchée. Nous ne devions y rester que huit jours, nous y sommes restés, ou plutôt, nous y resterons 110 jours. Nous serons relevés dans la nuit de demain à après-demain pour aller avec tout le régiment à Villers-Bretonneux gros village, à 15 kilomètres d'Amiens, où la division sera reconstituée. Après cela que ferons-nous ? Que deviendrons-nous ? Par ici, on ne parait nullement craindre une attaque boche. Des ordres, des communications, des travaux qu'on exécute, de tout ce mouvement de troupes qui est continuel, parait se manifester plutôt un vif espoir de voir un jour nos voisins d'en face, déménager à la cloche de bois sans payer leur terme. Et bien qu'il y ait assez peu d'huissiers dans l'armée française, on les poursuivrait à coups d'exploits.

13 mars 1915.

Nous avons quitté les tranchées du bois étoilé, le 11 mars, à 5 heures du matin, sans que messieurs les Boches paraissent s'apercevoir de notre départ, et sans que les balles sifflent assez pour nous empêcher de regretter nos tranchées. En effet, elles étaient si belles, les tranchées, si propres, si bien faites, et les heures y passaient, en somme, si doucement, que malgré le désir de bouger et de voir du nouveau, sentiment dominant dans beaucoup d'âmes militaires, nous nous disions que, peut-être, ailleurs, la guerre serait plus cruelle. En tout cas, après la longue promenade dans les boyaux, bonne étape sur la route toute droite de Péronne à Amiens. Cela fait 19 kilomètres d'Herleville à Villers-Bretonneux. On a fait cela avec allégresse : on se dérouillait les jambes. Les sacs paraissaient, bien un peu lourds à nos poilus, mais ils étaient, tout de même rayonnants. Et puis, on voyait passer des soldats, beaucoup de soldats, des soldats tout neufs, tout bleus, tout jaunes, superbes. Et puis on s'imaginait que l'on ne reverrait peut-être plus les tranchées. Alors on était bien heureux. Pourtant le tuyau courait bien vite que nous étions demandés par le général Baumgarten, commandant le 11ᵉ corps d'armée, pour aller prendre la place de la 22ᵉ division appelée plus au Nord. Arrivé à Villers-Bretonneux, qui est plutôt un grand vlilage qu'une petite ville, un grand village avec des usines, des parcs et des châteaux d'industriels, une église en briques, et un champ d'aviation. Pour la première fois, depuis bien longtemps, nous trouvons un cantonnement assez agréable ; même, il nous semble paradisiaque. La population de Villers est déjà urbaine : il y a des quantités de petites jeunes filles, coquettes et rieuses, et cela mettait de la gaieté au cœur de nos vieux briscards.

Hédouville, 15 mars 1915.

Cette nuit cela grognassait fort du côté de La Boisselle. Il parait que les Allemands ont tenté une attaque sur tout le front. Ce soir c'est le calme absolu, notre promenade sera sans musique.

Englebelmer, 17 mars 1915

Me voilà dans le décor de Chantecler : une grande cour de ferme, tout entourée de bâtiments de service. Au milieu, un odorant fumier, sur lequel grapillent, à qui mieux mieux, avec les chants les plus divers, les animaux de la basse-cour. Ce fut hier, un de nos plaisirs d'apprendre au jeune M..., qui n'en savait rien, que l'on provoque, en sifflant, le gloussement du dindon. Et pendant quelques instants, nous luttâmes harmonieusement avec une grosse dinde qui se pavanait.

Beaumont-Hamel, 21 mars 1915.

Ma demande pour le corps d'embarquement n'est pas accueillie.

Varennes, 28 mars 1915.

Je suis allé, ce matin, à Forceville, convoqué par le capitaine Guillaumin, qui m'a encore confié quelques mauvaises causes à défendre.

Demain, je plaide au conseil de guerre, à Forceville. C'est un autre Forceville que celui de mon cousin. Je prépare mes plaidoiries, j'ai cinq clients.

✤

Varennes, 6 avril 1915.

Hier, nous sommes partis d'Englebelmer, à 5 heures du matin. Nous avons été travailler sous une pluie battante et nous ne sommes rentrés, à Varennes, qu'assez tard, le soir, fort fatigués.

J'ai eu un grand succès au conseil de guerre. J'ai obtenu qu'on ne condamne plus les ivrognes automatiquement, à deux mois de prison. Je plaidais aussi pour un faussaire qui grâce, je crois, à ma plaidoirie, n'a eu qu'un an de prison, avec le sursis à sa peine. Je t'envoie, d'ailleurs, sous ce pli, la lettre qu'il m'a écrite.

✤

14 avril 1915.

Feu d'artifice, avec fusillade et canonnade, dans le secteur voisin, à La Boisselle.

Nous sommes employés, presque chaque nuit, soit de 7 heures du soir à 3 heures du matin, soit de 3 heures du matin à 11 heures, à creuser des tranchées près de la première ligne, dans des conditions vraiment excessivement pénibles et périlleuses. Avant hier, j'ai été enterrer notre pauvre camarade Marinier, l'adjudant de compagnie, délicieuse nature, douce, sensible, élevée, dévouée. Ce malheureux avait été frappé, la nuit, tout près de moi, au moment même où nos sections se mettaient au travail.

La compagnie était venue au-devant de la ferme de Lassigny, de la ferme près de laquelle nous cantonnions le soir de la visite de Madame B..., pauvre ferme qui n'est plus maintenant qu'un amas de décombres. La ligne de tranchées françaises passe maintenant à un kilomètre en avant, environ. Elle se trouve à 100 mètres des tranchées allemandes. Or, nous devions monter dans la plaine pour creuser une tranchée en arrière de la première ligne, à une centaine de mètres, à peine. Dans le clair de lune, les 400 hommes de la compagnie formaient une ligne de silhouettes gesticulantes. Quelques balles sifflotaient. Les fusées éclairantes avaient comme effet immédiat de faire coucher nos travailleurs, de les faire disparaître comme des pantins rentrant dans leurs boites. Et il faisait froid. Marinier, pour se réchauffer, prend une pioche. Une balle lui entre dans le dos et lui sort par la gorge.

Le malheureux fut presque immédiatement paralysé et mourut dans le transport. Or je devais aller à Forceville, pour plaider au Conseil de guerre, avant-hier. Et le matin, j'ai dû faire faire la bière, la porter à Acheux faire mettre le pauvre corps en bière, l'enterrer..

Navrante besogne !...

✤

17 avril 1915.

L'attaque de l'autre jour pendant laquelle une compagnie du 18e a été assez faiblarde, a amené des sanctions : un commandant a été relevé de son commandement, deux capitaines punis, un lieutenant rétrogradé au grade de sergent, et on dit aussi, mais je n'affirme rien, un sergent fusillé. A la suite de cet incident, nos actions auraient beaucoup baissé près de l'armée, et l'on songerait à dissoudre de nouveau notre division. En tout cas, le bataillon du 18e qui faisait navette avec nous entre Englebelmer et Varennes, est envoyé à quatre kilomètres au Sud d'Albert, si bien que personne ne devant plus venir nous remplacer à Englebelmer, il est probable que c'est nous qui irons relever les camarades du 17e, dans les tranchées, jusqu'au jour incertain où l'armée anglaise viendra enfin nous permettre d'aller contempler d'autres horizons que les picards. Je t'écris aujourd'hui à la lisière d'un bois, dans lequel nos hommes travaillent à tailler pieux, chevrons, fascines, gabions, claies et piquets pour les travaux de fortification.

✤

18 avril 1915.

On se croirait presque, par ce dimanche, en quelque allée perdue du parc de Saint-Cloud. Anémones, violettes, primevères et jacinthes bleues parsèment la mousse et percent le tapis de feuilles mortes. On s'étend là, on y déjeune en pique-nique, on regarde indolemment à travers les branchages que recouvre une légère gaze verte, les évolutions des aéros, on finit par trouver que le grondement du canon est une berceuse naturelle, et par goûter la vie, en végétal qui s'épanouit. Et le soir, vers 5 heures, on se met en route pour le cantonnement, après avoir lu tous les journaux.

✤

25 avril 1915.

A toutes fins utiles, comme nous disons au Palais, je t'envoie une carte ouverte, qui te sera, sans doute, transmise plus vite qu'une lettre et qui te portera, en même temps, et l'assurance que je vais bien, et les meilleurs baisers de ton fils.

27 avril 1915.

J'apprends aujourd'hui la plus triste nouvelle.

S... est mort ! Je le pleure de tout mon cœur. C'était, tu le sais, un ami bien fidèle et bien sincère. Le Palais sans lui, me sera vide et je perds en lui un précieux appui. Aussi, je suis tout bouleversé et je n'ai point encore grand courage à écrire. Que te dire ? Nous travaillons toujours à creuser des trous qui ont pour but de nous permettre d'en sortir, paraît-il ? On aménage des terrains d'attaque.

Nous sommes toujours à Engl. Nous faisons des travaux au moins une nuit sur deux, quand ce n'est pas deux sur trois.

28 avril 1915.

La mort du pauvre S... m'a beaucoup affecté. J'en suis encore tout désemparé.

9 mai 1915.

Je t'écris auprès du bois de Mailly-Maillet où la compagnie fait des travaux de gabionnage et de fascinage, dans un beau soleil et sous une fraîche verdure.

11 mai 1915.

Je suis officier de jour. Lever 6 heures. 6 h. 30, surveillance de l'enlèvement des ordures ménagères. 7 heures, surveillance des douches. Esthétique de campagne et respiration d'odeurs suaves. 8 heures, peloton des prisonniers ; organisation des surveillances des avions. 10 heures à 12 h. 30, liberté. Déjeuner pendant ce temps-là. 12 h. 30 rapport. 1 heure, peloton des prisonniers (tous pour la saoulographie). 2 heures, instruction des grenadiers. Retour à 5 heures. Le soir : appel et ronde. Tu vois que l'on n'a pas encore trop le temps de s'amuser ?

Je plaide encore le 18 mai, au Conseil de guerre. Je suis presque ennuyé de ma réputation dans la division. Il me faut nettement refuser des clients. Si je voulais, j'aurais à défendre absolument tous les indisciplinés et tous les saoulards de mon régiment ! Un tel rôle m'embarrasse, bien que leur confiance flatte incontestablement un amour-propre sensible à de telles causes.

Auchonvillers, 19 mai 1915.

Nous habitons, les trois lieutenants, une cagna assez vaste, creusée dans la paroi d'une route encaissée. Un jardinet tout fleuri avec un bassin et un jet d'eau, un parc minuscule d'un mètre carré auquel ne manque que le galet des allées et la boule de verre de couleur, la précède. Ses murailles sont garnies d'une paille qui a attiré une innombrable colonie de rongeurs. Est-ce parce que c'est la saison des amours ? Toujours est-il que toute la nuit ils nous donnent un concert presque ininterrompu d'épithalames fort aiguës. Nous couchons, tous les trois, sur une sorte de bas-flanc garni de paille. L'herbe a poussé entre les poutres du toit et les parois, et fait au-dessus de l'or perlé de notre paille une bordure d'émeraude que la rosée du matin enrichit de diamants ! C'est idyllique et humide. On en a plein les yeux, et plein les genoux...

On parle de fortifier Auchonvillers, village près duquel sont nos tranchées. L'expérience de Carency et l'exemple boche portent leurs fruits. En face de nous, à Beaumont, il paraît que les Boches ont peu de monde. Deux déserteurs polonais qui se sont présentés dans nos lignes, à Hébuterne, nous ont appris qu'on avait prélevé dans chaque compagnie 50 hommes, pour les diriger sur Arras, et qu'on avait récemment désarmé les hommes pour leur donner des fusils ancien modèle. Les régiments qui sont en face de nous ne seraient pas pourvus de batteries de gaz asphyxiants, ce qui est déjà quelque chose.

Mourir, tué par une balle ou un éclat d'obus, cela a encore quelque chose de chic, mais mourir empoisonné, c'est vraiment lamentable !

20 mai 1915.

On nous distribue, ce soir, des masques contre les gaz asphyxiants, qui sont d'une contexture excessivement simple. La lecture des journaux, l'étude du grec que je continue avec ténacité et ardeur, les corvées ordinaires, une heure de bridge, voici les occupations bien militaires que nous abandonnerions bien volontiers. J'attends avec impatience l'entrée en scène de l'Italie. Cela va je pense, singulièrement brusquer un dénouement qui se fait attendre. La pièce traîne en longueur, mais les coups de théâtre sont proches.

22 mai 1915.

Nous sommes toujours dans les gourbis d'Auchonvillers pour quatre ou cinq jours encore. Tout est calme.

25 mai.

Notre vie est en ce moment fort tranquille. Nous sommes toujours le long de notre route, près du village d'Auchonvillers que l'on fortifie maintenant avec une ardeur nouvelle. L'affaire de Carency nous a donné une leçon, nous organisons sur tout le front des points d'appui, à l'exemple des Boches.

Il y a encore des mouvements de troupes par ici, des modifications de front, mais on n'en peut tirer aucune signification.

28 mai 1915.

Nous n'avons que les rondes de nuit dans la première ligne, comme service sérieux, et encore, par ces nuits resplendissantes, toutes bleues de la lumière de la lune, ces promenades n'ont rien de très désagréable. Et ce serait une existence de monarque, si vraiment les souris et les rats n'envahissaient notre palais.

31 mai 1915.

Le pauvre colonel du Paty de Clam, est renvoyé à l'arrière pour raison de fatigue. Il est désolé ; notre commandant est nommé lieutenant-colonel. Il est heureux comme un roi. Et voilà comment le bonheur des uns fait le malheur des autres.

4 juin 1915.

On parle toujours de la grande offensive. On double les postes télégraphiques, on travaille avec activité sur toute notre ligne.

Il y a pour colorer tous les instants de notre vie, une forte dose d'ennui que les événements dissiperont peut-être. La guerre ne me paraît pas assez variée.

18 juin 1915.

Comme les hommes se plaignaient de ne plus trouver à acheter dans le voisinage leur monotone pitance, j'ai aujourd'hui, malgré le scepticisme ambiant, jeté les bases d'une coopérative d'achat et de vente, entre les hommes de la compagnie, et les adhésions sont unanimes. C'est encore un petit service que j'aurai, du moins, cherché à rendre.

20 juin 1915.

Nous sommes en première ligne encore, et alertés. On craint une attaque et on veille, on tend l'oreille aux moindres bruits de la tranchée allemande, on entend au loin, le bruit :

Des grands chars gémissants qui reviennent le [soir.]

On dit que le colonel du Paty de Clam a sa revanche, qu'il est nommé colonel de réserve, et qu'il va commander une brigade, ce sera une juste réparation du tort qu'on lui a causé.

25 juin, 20 heures.

Nous sommes toujours en alerte, mais les Boches ne bougent plus. Seulement, on ne peut plus rien faire. Notre tranchée fleurie a été transformée, par l'orage, en tranchée abominablement boueuse et désagréable à habiter. Il n'est plus question de départ prochain pour le 17ᵉ, on parle du départ de la 168ᵉ brigade, mais pour Lassigny.

Le 21ᵉ et le 22ᵉ, nous quitteraient, mais pour retourner sur le front. Par contre, le 18ᵉ, s'en irait pour une destination inconnue, et le 24ᵉ, reviendrait de Rouen.

25 juin 1915.

Toujours rien de bien nouveau à signaler ; notre tranchée est un lieu de rafraîchissement, de lumière et de paix. J'y reçois d'exquis paquets. On parle de la dislocation complète de notre division, mais, ou nous resterions affectés à ce secteur, ou nous serions rattachés à une division plus au Sud, vers Bray-en-Somme.

29 juin 1915.

Notre 82ᵉ division est défunte. Elle a été disloquée aujourd'hui à 5 heures. Et la conséquence est que nous changeons de secteur postal.

30 juin 1915.

Je n'ai point fait partir le récit de l'attaque d'Hébuterne parce qu'il passe de main en main et que je n'en suis plus le détenteur. J'espère l'avoir bientôt.

Tous les services sont partis pour encadrer une division coloniale de formation récente. J'en suis personnellement navré, car je connaissais à peu près, grâce au conseil de guerre, tous les officiers de la division et j'entretenais avec eux des relations charmantes. Et je perds en Guillaumin, une occasion fréquente d'amusants déplacements à l'arrière.

Quant au repos, au retour en arrière, à tout répit qui serait cependant nécessaire après les longues fatigues de ces onze mois, on n'en parle pas ! Il semble que l'on considère les hommes comme des instruments de combat analogues aux canons et aux fusils qui ne méritent de repos que lorsqu'ils ont besoin d'aller chez l'armurier.

2 juillet 1915.

Longue promenade sur les routes, car nous sommes allés d'ici à Auchonvillers pour y exécuter des travaux.

3 juillet 1915.

Nous avons quitté Hédouville pour revenir à Englebelmer.

Des vacances ! j'en ai envie comme un gosse à la fin de l'année. Revoir Pont-Audemer, t'embrasser, bavarder avec toi, jouir de la liberté, du repos absolu pendant quelques jours, cela devient un rêve obsédant. On devrait bien nous en faciliter la réalisation. Il me semble que nous reviendrions avec plus de courage et d'endurance après nous être retrempés dans nos familles. Enfin, attendons encore !

6 juillet 1915.

Il y a dans notre ciel gris un pantalon de gendarme. Il est possible que dans dix jours, je t'arrive à Pont-Audemer, ayant en poche une permission de quatre jours.

12 juillet 1915.

Je crois recevoir la Croix de guerre, le 14 juillet, à Englebelmer ; nous allons à Englebelmer passer cinq jours. J'ai récupéré mon document de l'affaire Touvent, mais j'attends de te le porter. C'est un gros morceau de 120 pages qui me paraît assez difficile à expédier.

Me revoilà dans la tranchée de première ligne, mais on dit que c'est pour peu de jours.

Ici, nous avons eu la chance que le temps pluvieux de la dernière semaine s'est brusquement rasséréné pour notre relève, et c'est idéal. Le secteur est calme en face. Mais de chaque côté, Arras et Albert, ça grogne, ça gronde ! Qu'est-ce qui se passe ? Les journaux te le diront en même temps qu'à moi. Nous sommes une longue chaîne dont les anneaux s'ignorent l'un l'autre.

...Je crois que ma destinée est pareille à celle de Tantale. Je vois fuir de mes lèvres la coupe dans laquelle j'aimerais à me rafraîchir ou de mes mains, le fruit que je croyais saisir. Les permissions sont momentanément suspendues pour toute la 21e division. La raison ? C'est qu'il est maintenant officiel que nous allons, et très prochainement être relevés par nos chers alliés. Pour aller où ? Pour quoi devenir ? C'est l'inconnu...

15 juillet 1915.

Ce matin, sur la petite place des tilleuls d'Englebelmer, le colonel m'a remis la Croix de guerre avec sept autres camarades de bataillon. Nous devons être à peu près 20 à 25 du régiment à l'avoir, et nous ne sommes que cinq officiers en tout à avoir obtenu jusqu'à présent cette distinction.

Je suis, en ce moment, commandant de compagnie, ce qui donne un peu de travail en plus, et une responsabilité continuelle, et d'autant plus que l'on n'a pas les galons.

22 juillet 1915.

Suis Rouen, arriverai ce soir Pont-Audemer.

Fin juillet 1915.

Ma pensée vit du souvenir de ces quelques jours heureux passés près de toi et où j'ai connu toutes les gâteries dont les tiennes furent les plus charmantes.

En marche, en arrivant.
Folleville, 1er août 1915.

Nous venons de traverser une période fort agitée, et où, moi-même, je me suis beaucoup agité. Longue étape de 36 kilomètres pour nous amener à Conty. J'avais depuis quatre jours, usé et abusé des exercices physiques, cheval, bicyclette, parcourant le joli pays, où nous étions, en passionné de courses. J'étais convaincu qu'éreinté, je ne ferais pas l'étape. Je l'ai faite avec une merveilleuse facilité, en souliers jaunes. A partir d'aujourd'hui, toutes nos lettres passeront par la censure. Par conséquent, plus de libres épanchements, plus de confidences, plus d'anecdotes, plus de renseignements. Tout sera lu par un officier censeur. Anastasie s'installe chez nous !

On parle toujours des mêmes endroits : Champagne, Argonne, Vosges, Italie, etc.

✣

Août 1915.

Cette fois nous voici dans l'Est, nous avons été transportés par un voyage de 24 heures qui, ma foi, fut joyeux, jusqu'à 15 kilomètres de la ville où le jeune V... a commencé la vie militaire : Nancy. Nous repartons ce soir pour un petit patelin à 18 kilomètres d'ici, dans la direction de Sainte-Menehould.

✣

15 août 1915.

Nous sommes dans une période de dures fatigues et de misère. Cependant on devrait garder la curiosité de changer de pays. Le village où nous sommes, tout petit, contenant 12.000 hommes de troupe, est ravissant et pittoresque. L'architecture des maisons est infiniment plus jolie que celle des maisons picardes.

Je t'envoie la petite pièce de vers que j'ai lue à notre concert :

Namps-au-Mont, le 12 août 1915.

A-PROPOS

Mes chers camarades, salut !
Jadis, votre rire sonore
Nous montra que nous avions plu.
Tentons donc de vous plaire encore.
D'abord ce théâtre de guerre,
Comme l'autre, élargit son front.
De décor nous n'en avions guère ;
Admirez celui que nous font
Et le soleil et la verdure
Des grands bois silencieux
Et cette lumière si pure
Où tremblent les rayons des cieux.
Nous disions jadis : Pas de femmes !
Nous étions seuls entre garçons,
Leur absence navrait nos âmes,
Attristant un peu nos chansons.
Car nous nous battons pour elles ;
Et pour savoir être vainqueur
Le Français, dans un coin du cœur,
Fait toujours la guerre en dentelles.
Aujourd'hui, voyez l'assistance :
Le public est peu solennel,
Mais, grâce à notre colonel,
Quelques dames, dont l'élégance
Se mêle aux uniformes bleus,
Evoquent, soldats, à vos yeux,
Dans le cadre de ces pelouses,
Les traits des filles et des épouses.
Et non contentes d'être aimables,
Elles vont, dans vos rangs pressés,
Tendre la main pour nos blessés.
Que vos plaisirs soient charitables !
Sans prétention, notre programme
Ne vise qu'à la bonne humeur.
Il veut déchaîner en votre âme
Un rire qui parte du cœur.
Quand plus tard, rentrés chez vous,
A vos enfants, sur vos genoux,
Vous conterez la grande guerre,
Les durs souvenirs de misère
Alors vous paraîtront doux.
Vous direz : « A Ginchy-les-Bœufs
On frissonna sous la mitraille.
C'était bien là une bataille,
Et nous y fûmes de vrais preux !
A Monchy ou bien Hannescamps,
On prit des bains dans la tranchée ;
Foncquevillers fut un ouragan
De canonnade déchaînée. »
Le bambin qui vous entendra
Sera fier de votre vaillance
Mais son regard s'éclairera
D'une admiration plus intense
Quand, à cet enfant surpris,
Oubliant les souffrances pires,
Vous direz avec des sourires :
« Mais à Namps-au-Mont on a ri. »
Rire, d'un rire alerte et preste
Qui, malgré l'âge, est toujours frais ;
Rire au départ ou quand on reste
N'appartient qu'au soldat français.
Quand on a l'âme endolorie,
Après des mois de longs combats,
Rire encore pour la Patrie,
Ça les Boches ne le peuvent pas !
Donc de la gaieté sans façon !
L'orchestre accorde sa lyre !
Allons ! Tous en scène ! Attention !
On va s'amuser ! On va rire !

✣

18 août 1915.

Nous voici dans un nouveau village de la Marne. Après une étape de 20 kilomètres, facilitée par un temps frais et un ciel étoilé.

Le village est sur le bord d'une petite rivière qui roule des eaux blanches recueillies sur le plateau de la Champagne crayeuse. Ce sont les eaux de la *Marne*, car on appelle marne, du nom de la rivière, la craie solidifiée. Un étang plein de sarcelles, de plongeons et de poules d'eau, pare de sa poésie, ce trou champêtre et joli, dans un pays dénudé et aride.

Les villages, sont par ici, admirablement organisés, celui-ci a 250 habitants.

...Il y a des trottoirs, des canalisations d'eau, des fontaines ; la poste, le téléphone, l'électricité. C'est un village tout à fait moderne.

Je pense que nous allons reprendre une vie organisée, méthodique, où nous saurons ce que nous avons à faire et non la vie de bohémiens que nous menons depuis huit jours.

20 août 1915.

Hier, notre longue promenade nous a fait passer par d'assez curieux villages de cette lisière de la Champagne et de la Lorraine, en particulier à Valmy.

21 août 1915.

La contrée qui a été bouleversée au mois de décembre, est actuellement fort calme, sauf du côté de l'Est, où le canon grogne. Hier, les Allemands ont bombardé un village, très en arrière des lignes, avec une pièce de marine qu'ils amenèrent sur rails et qu'on appelle la pièce sonore. Ils ont fait une quinzaine de victimes, dont trois tués (Maffricourt). Le pays, très découpé en mamelons et croupes (que la nature est féminine !) a des noms bizarres.

Il y a le ravin en dent de scie et aussi la main avec l'index, l'annulaire et le pouce. C'est extrêmement désert, ou du moins, aride, car il y a la plus grande activité militaire

23 août 1915.

Notre vie dans notre bivouac montagnard s'organise peu à peu. On assiste seulement aux feux d'artifice des combats de l'Argonne qui se passent à une dizaine de kilomètres de là.

Actuellement à Conféville, dans la Marne, nous allons aller à Dampierre, le château à 15 kilomètres en arrière du front, où nous allons faire des tranchées.

26 août 1915.

Il n'y a vraiment pas lieu de désespérer. La guerre sera longue, certainement elle coûtera cher, elle nous laissera affaiblis et malheureux, mais le résultat est mathématique. Toute puissance qui a voulu exercer une hégémonie, malgré sa force, est mathématiquement accablée, et la situation de l'Allemagne actuelle est exactement celle de la France de Napoléon, sans le grand homme qui a prolongé la résistance. Donc, tout ce qui se passe de mauvais est indifférent, puisque les Alliés continuent à organiser leurs forces et leur résistance.

La chaleur est effrayante, et nous mijotons dans nos cases.

On parle ici d'une grande attaque prochaine. On bombarderait sur un front de 100 kilomètres, sur un front beaucoup plus restreint, il y aurait 800 pièces lourdes et 2.600 pièces de campagne. Et, le jour de l'attaque on lancerait 7 à 800.000 obus. Enfin, on serait à peu près certain du résultat, ce serait vraiment admirable

Août 1915.

Nous sommes toujours à Conféville, nous en partons ce soir, à 8 heures, pour Dampierre, le château, près de Sainte-Menehould, à 20 kilomètres d'ici.

1er septembre 1915.

Nous continuons à faire des travaux qui sont extrêmement pénibles pour les hommes. Et cela durera peut-être encore une quinzaine. Les traits de lassitude dont tu me parles, ne me surprennent pas ; on ne fait pas toujours tout du côté militaire pour les éviter. Mais, pourtant il faut évidemment résister. La retraite des Russes ne sera, je l'espère, qu'éphémère. Il ne faut pas se dissimuler qu'ils ont subi de graves défaites, mais tant qu'un peuple ne s'avoue pas vaincu, il ne l'est pas. Le tout est de tenir. L'heure viendra où les Allemands ne pourront plus résister.

4 septembre 1915.

Comme chose intéressante et à noter, j'ai été l'autre jour à une conférence sur les gaz asphyxiants, et je me suis revêtu du casque protecteur, laissé soumettre à un fort dégagement de chlore 50 fois plus intense que celui qui pourrait nous assaillir dans la tranchée. Nous n'avons rien ressenti sinon quelques insignifiants picotements à la gorge. Mais nos cagoules sont déjà hors de mode. Il faut maintenant non une cagoule, mais un masque en forme de grouin, imbibé d'une solution de ricinate de soude, c'est-à-dire d'huile de ricin. Quand on a cela sur la tête, on ressemble tout à fait à un singe.

Je voudrais que tu m'envoies le livre classique de Gœthe : « La Campagne de France... »

7 septembre 1915.

Je suis depuis deux jours dans une cité célèbre par ses pieds de cochon et par le voyage de Louis XVI, vers les frontières de son inhospitalier pays. Nous sommes venus là comme le dit le rapport, pour nous rafraîchir. Et j'expliquais, tout à l'heure, que le rafraîchissement varie suivant les grades. Pour les hommes, le rafraîchissement, c'est le pinard, que des complaisances civiles versent à flots dans des gosiers dont la guerre, qui change tout, n'a cependant pas modifié la pente ; pour les gradés, le rafraîchissement, c'est le bonheur de coucher à l'hôtel, dans des draps propres, de prendre son bain dans une baignoire, de voir une ville avec des magasins, de flâner tranquillement sans rien craindre des marmites, car les marmites n'arrivent là que fort peu souvent : tous les trois mois, à date fixe.

Elle est jolie la petite ville aux pieds de cochon. Du château, il ne reste qu'une vieille église gothique, avec de charmants coins d'ombre et de mystère. Tout cela se niche au bord d'une toute petite rivière aux eaux verdâtres, dans le creux d'un vallon planté de grands bois très jolis. Et vraiment, c'est un joli lieu de promenade et de repos.

Ta volonté de supprimer la guerre a hanté bien des cœurs, avant de te causer des cauchemars. Ce n'est pas la science qu'il faudrait supprimer, mais l'ambition, l'orgueil, la haine ! Et cela, je me demande si ce n'est pas indestructible dans le cœur humain. Enfin, nous combattons cependant avec cette idée que cette guerre-là si cruelle, si longue, si tragique, empêche désormais, par le seul souvenir des calamités qu'elle aura déchaînées sur le monde, toute autre tentative de ce genre. Réussirons-nous ? Nous ne le savons pas, car ce qui est sûr, c'est que nous mourrons avant que la guerre recommence. Mais ne te tourmente pas, la paix universelle a toujours passé pour une chimère !

8 septembre 1915.

Nous avons, encore une fois, changé de cantonnement, nous nous rapprochons un peu des marmites. Ce matin, un motocycliste essoufflé, nous a jeté, en passant, quelques renseignements : Les Boches avaient par leurs avions, lancé des avis : « Vous voulez, paraît-il, attaquer le 12, disaient les feuilles, nous, nous attaquerons le 7. » Et en effet, dès hier, ils avaient attaqué, mais, mollement, et avaient été repoussés. Ce matin, ils ont attaqué au Four de Paris, à trois reprises différentes, et ils ont laissé, devant nos tranchées, des monceaux de cadavres.

Le village où nous cantonnons est gracieux, d'une grâce un peu pareille à celle des filles de Bohêmiens qui sont jolies malgré leur crasse. Il a des maisons qui ont quelque prétention à l'architecture. Notre hôte, un ouvrier intelligent et important, nous a expliqué qu'il devait son cachet au fait qu'il est habité, depuis un temps immémorial, par des maçons, experts en l'art de bâtir. A la Renaissance, sous François Ier, ils ont bâti une petite église vraiment jolie, avec un porche, heureusement enrichi de statues et de sculptures naïves, mais déjà artistiques.

9 septembre 1915 .

Figure-toi que la dame qui me donne l'hospitalité, est de la famille du poète célèbre : Baudelaire ! La pauvre femme (femme d'un maçon) n'en tire d'ailleurs, aucune vanité. Et les œuvres de son illustre parent lui sont totalement inconnues. Il est probable, d'ailleurs, que les *Fleurs du mal* scandaliseraient, sans doute, un peu, cette âme naïve.

20 septembre 1915.

L'offensive se prépare avec activité et vigueur ! On est bien renseigné sur l'ennemi. On nous a passé une note dans laquelle les détails les plus précis sur la situation des corps d'armée allemands qui occupent la ligne en face de nous, les noms des chefs, les emplacements des états-majors, et des bataillons, les travaux de défense que l'attaque aura à conquérir et à renverser, les cantonnements et bivouacs qui se trouvent dans les villages et plateaux, les maisons de la petite ville qui est notre objectif, où les administrations boches se sont installées, les centres d'aviation, les gares de ravitaillement, et jusqu'aux souterrains où les Boches peuvent avoir préparé des destructions et des mines, sont énumérées dans un détail qui nous rassure sur l'activité de notre service d'espionnage. L'état d'esprit est bon, après tant de mois passés dans l'inaction pénible et inconfortable des tranchées, les troupes éprouvent un immense besoin d'en sortir, d'en finir ; on se battra avec l'espoir d'éviter la campagne d'hiver.

Alors que notre prudente offensive dans le Nord n'a pas réussi, parce que les liaisons entre les armes n'étaient point établies assez solidement, parce que l'artillerie n'étant pas prévenue à temps des mouvements de l'infanterie a tiré sur nos propres troupes, et que les réserves insuffisantes, et trop lointaines sont arrivées trop tard pour renforcer les lignes d'assaut. Aujourd'hui, réserves et liaisons paraissent avoir été la préoccupation du grand état-major.

C'est donc avec impatience et sans appréhension que nous attendons l'heure de l'attaque.

La vie sous la sapinière où nous sommes, est tranquille, les balles qui fusent font bien quelques pauvres victimes, mais la mort est une voisine qui ensevelit vite dans l'oubli ceux qu'elle emporte ! Et à vivre en contact avec elle, on finit par la regarder avec une sorte d'insouciance.

Le beau temps qui règne ici met tout le monde de bonne humeur. Et les poilus chantent des romances dans tout le cantonnement.

✢

22 septembre.

Je crois que cette fois l'action est proche.

✢

23 septembre.

Deuxième jour de bombardement.

Une mitrailleuse qui nous embêtait tous les soirs, criblant nos sapins de ses balles, s'est tue hier. On prétend aujourd'hui qu'il y aura trois jours de bombardement au lieu de deux et l'attaque ne se produirait qu'après demain.

✢

24 septembre 1915.

Troisième jour du bombardement.

On nous a distribué, ce matin, le casque. Nos hommes, avec cette salade bleue qui leur écrase le tronc n'ont pas l'air de Walkyries triomphantes, je t'assure. Mais il aura le grand avantage de nous protéger contre les éclats d'obus.

✢

24 septembre 1915.

Nous venons de faire une petite promenade dans le bois. Il est ravissant ce bois. Près de l'Aisne, un ravin creux à plusieurs branches descend à la rivière. On y a installé des petits châlets suisses avec balcons, où l'on accède par des escaliers de bois qui sont du dernier pittoresque. D'un grand chêne, où il y a un observatoire d'artillerie, on domine l'Argonne et la Champagne. On voit les incendies s'allumer, au loin, sous le feu des obus. On dit que 480 Boches chassés de leur trou par l'incendie se sont rendus.

Nous devons aller occuper, dans le bois, un endroit appelé les caves canadiennes, toutes faites de treillages qui se confondent avec le fond du bois. C'est une petite merveille de mimétisme qui fait se confondre l'homme et le sol, et qui est bien goûté dans cette guerre.

✢

25 septembre 1915.

La bataille, en ce moment, bat son plein.

Voici quelques notes :

A 1 h. 30, nous quittons nos positions dans la sapinière pour venir en réserve dans les superbes caves canadiennes.

Nous rencontrons, passant dans le bois comme des fantômes, les soldats d'une des compagnies de premières vagues : « Bah ! on va se faire tuer », dit l'un. Mais l'autre dit : « On va les avoir, les Boches ! » Tout a été fait pour leur donner confiance. On leur a lu hier une proclamation du général Joffre, les incitant à aller au combat avec une volonté incoercible de vaincre, de libérer le territoire français. On leur a communiqué les renseignements suivants : les trois quarts de l'armée française : 60 divisions, vont attaquer. L'armée anglaise va coopérer à cette action, soutenue par la division du général Foch. Les généraux commandant l'attaque sont ceux qui ont acquis la plus grande réputation au cours de la guerre : Foch, de Castelnau, Pétain, le vainqueur d'Arras, de Langle de Cary, Franchet d'Espérey, Humbert, le remplaçant de Sarrail. Nous avons 2.000 pièces d'artillerie lourde et 3.000 pièces de campagne. Sur un front de 500 kilomètres, cela fait un canon tous les 100 mètres. Enfin le nombre de projectiles à utiliser est incalculable, on parle de 20 millions... Aussi espère-t-on, que les combattants qui passent le long des arbres, un peu accablés par le poids de leur sac, vont bientôt être des victorieux.

2 heures. — Arrivée aux caves canadiennes. On s'installe. Nous n'aurons là, qu'à attendre en plein bois, sans voir grand chose. Les canons tirent sans discontinuer.

7 heures. — La canonnade est épouvantable, fantastique, étourdissante. C'est probablement la plus forte, et de beaucoup, depuis le commencement de la guerre. Le sol vibre, est secoué de frissons. Nos caves résonnent. C'est angoissant !

9 heures. — Que les hommes se rentrent ! L'attaque est à 9 h. 15. La canonnade est à son comble ! Comment les oreilles humaines peuvent-elles supporter pareil fracas ? Nous avons trouvé le plan d'attaque, nous nous amusons à l'étudier.

10 heures. — Le caporal Charles, qui est au téléphone, nous apporte deux renseignements : A notre droite, le déclenchement du 10e corps s'est fait merveilleusement. Il domine déjà Servon. A notre gauche, le 213 a atteint son objectif.

Le bois de Villes, sur lequel doivent pleuvoir 10.000 obus incendiaires, est en feu.

10 h. 30. — Notre canonnade est moins vive. On entend quelques obus allemands qui pas-

sent. Un de nos sergents, Eudeline, brave garçon, est blessé d'un éclat d'obus au coude.

11 heures. — Hélas ! la pluie tombe depuis ce matin, enveloppant tout de son voile gris. Mauvaise chance ! Pourtant ça va bien. On annonce que les coloniaux, à notre droite, ont enlevé une forte organisation allemande qui s'appelle « Le Cratère », et qu'ils se sont emparés d'une tranchée de 2e ligne, qu'on appelle la « Tranchée Coblentz ». Par contre, le 10e corps serait arrêté devant Servon, ce qui était prévu.

11 h. 30. — Nous déjeunons, ma foi, fort tranquillement. Notre cave canadienne est une vraie maison, à trois pièces : deux chambres, l'une pour le capitaine, l'autre pour les lieutenants, et la salle commune, au milieu. On fait des rêves de victoire.

Midi 30. — Les Boches commencent à bombarder. On entend leurs grosses marmites rouler dans l'air. La canonnade est intermittente. Dans les intervalles de silence, au loin la fusillade et les mitrailleuses brodent des bruits légers sur le fond de rumeur de la canonnade. On sait que des mitrailleuses sont restées dans le bois de Ville et rendent la tâche difficile aux nôtres. On a vu passer des blessés légers. Quant aux Boches, personne n'en parle. On les a seulement vus ficher le camp. Cependant ils ne sont pas encore tous morts, car ils envoient leurs fameux 105 fusants.

⁂

26 Septembre 1915.

C'est aujourd'hui l'anniversaire de Ginchy-les-Bœufs. Qui nous aurait dit que nous ne serions pas encore chez nous à cette époque ? Enfin la situation, malgré tout, n'est pas mauvaise, et il faut toujours conserver l'espoir.

L'offensive déclenchée hier, n'a pas donné il semble tous les résultats qu'on en attendait.

La 151e division ne me paraît pas avoir atteint ses objectifs. Cependant, il y a eu une avance appréciable et les coloniaux, à notre gauche, ont merveilleusement marché.

Sortie sur une voie stratégique, une grosse pièce de marine de 174 tire et fait tout trembler quand elle part.

Les officiers de marine nous ont appris qu'un groupe d'ouvrages très importants qu'on appelle la *Main de Massiges* (index, *annulaire*, médium) avaient été enlevés par les coloniaux.

Ce matin, nous avons eu des nouvelles de l'attaque. On dit que les Anglais ont 24 heures d'avance sur nous et qu'ils ont pris le village de Loos, près de Lens. Nous, nous nous sommes officiellement emparés de la ferme de *Navarin*, de *Tahure*, de la *Butte de Souain*, du *Cratère*, et c'est l'attaque de la 151e division, qui n'a pas occupé ses objectifs, qui sans doute a empêché les coloniaux d'aller plus loin. Le 293e a perdu ce matin les tranchées occupées par lui, hier, et il a subi des pertes considérables.

Nous venons, M... et moi, de faire un très grand tour dans le bois et à la lisière du bois. Nous avons été voir l'effet de la canonnade sur le bois de la Justice. C'est vraiment impressionnant ! On dit que notre artillerie a fait subir de grands dommages à l'artillerie allemande qui, en effet, ne se montre pas très active. Ce qui a démoralisé nos hommes, ce sont les combats à coups de grenades.

⁂

27 septembre 1915.

Hier soir, très bonnes nouvelles.

On nous annonçait que les Anglais avaient avancé sur une très grande profondeur, on disait même, mais cela paraît inexact, qu'ils avaient pris Lille. On dit aujourd'hui qu'ils ont pris Loos et Lens. Sur le front de la 2e armée, il y a eu 2.000 prisonniers.

Hier, à midi, on avait pris les villages de *Somme-Py*, de *Tahure*, de *Rigout*, et les coloniaux s'étaient emparés de la position dominante des Boches : le *Mont Têtu* ou *la Chenille*. On marchait, au soir, sur la vallée de la Dormoise. On prétendait que la cavalerie allait pouvoir entrer en action, et qu'il y avait 30 canons de pris. L'attaque, ici, reprend à midi.

Nous avons vu revenir aux caves canadiennes les débris du malheureux 293e. Il y a une compagnie où il ne sont revenus qu'à 10 ! Cependant, si l'on compte bien,je ne crois pas que les pertes pour le régiment puissent être évaluées à plus de 5 ou 600. A la dernière heure, on prétend que les tranchées que ce régiment avait conquises avant-hier, puis reperdues hier, ont été reprises ce matin, par les coloniaux ou par le 62e. Mais cette nouvelle n'est pas confirmée. Près de nous, à quelques 2 ou 300 mètres, terrible accident. Une pièce côtière de 100 a éclaté, tuant deux hommes, en blessant grièvement six autres ! C'était un spectacle affreux à voir que celui des malheureux dont les jambes étaient carbonisées presque entièrement.

On dit qu'en face de nous, nous avons de jeunes troupes allemandes, excellentes, très bien pourvues de grenades, et pleines de mordant. Ceux qui sont pris prétendent que la guerre durera encore longtemps. Les nôtres sont furieux ; on en tue tant qu'on peut, et si les communiqués annoncent 10.000 prisonniers, c'est qu'on aurait pu en faire 50.000. On a, paraît-il, haute opinion du 17e à la division, qui aurait parfaitement confiance en nous pour défendre le *bois d'Hauzy*.

28 Septembre 1915.

Que je n'oublie pas de te souhaiter ton anniversaire.

On aurait vraiment plaisir à se serrer près des êtres chers, après cette tourmente, si on a le bonheur d'y échapper, et vous autres, de l'arrière, vous aurez le plaisir aussi à nous retrouver.

Rares nouvelles. Elles indiquent une progression constante, mais lente et difficile. J'espérais que cela irait plus vite et sans tant de difficultés. J'ai longuement causé ce matin avec les débris du 293e. Les malheureux sont encore couverts de boue, et n'ont pas encore, après une journée de repos, le courage de se nettoyer. Pourtant, ils renaissent à la vie, avec cette joie qu'ont les convalescents. Ils font des récits effrayés de leurs deux jours de bataille. Ils accusent de leurs défaites deux causes distinctes : Le ..., à côté d'eux, n'a pas occupé les objectifs qu'il devait occuper, et eux-mêmes ont manqué de grenades. Ils se sont, à un moment donné, trouvés entourés par trois côtés différents. Les Boches revenaient par les boyaux, des musettes pleines de grenades puissantes, qui, en faisant explosion, mettaient hors de combat cinq ou six hommes à la fois. J'ai retrouvé là le fourrier d'Hébuterne, dont je te parle dans un récit de l'attaque de Touvent. Il est sergent-major et commande les 32 hommes échappés de la compagnie. *Sur les 6 compagnies qui ont été à l'assaut, il ne reste que 243 hommes et 1 officier : un sous-lieutenant. Il y a donc 1.000 hommes hors de combat. Si l'on compte 500 blessés et évacués, tout le reste est tombé sur le terrain : morts, blessés, prisonniers compris.*

Ce matin, je suis allé à la lisière de notre bois d'où l'on aperçoit 7 à 8 kilomètres du champ de bataille. Les Boches bombardaient d'une façon intense les positions conquises et semblaient vouloir préparer une contre-attaque.

Nous apprenions aussi que l'on allait faire donner les réserves. Hier soir, on téléphonait que les Allemands dominaient une retraite sur Vouziers, d'une crête dominant tout le pays et qui est couronnée d'un bois qu'on appelle *la Chenille*.

On a encore parlé, hier, de la prise de Lille. Malheureusement, je crois que c'est une fausse nouvelle.

Septembre 1915.

Le journée d'hier s'acheva un peu dans la tristesse, les choses, en effet, ne paraissant pas aller comme nous le voulions. Le communiqué de trois heures que nous sommes allés recevoir à la télégraphie sans fil de la grosse pièce ne nous apprenait rien d'étonnant. Les Allemands, autour de nous, commençaient un bombardement inefficace, mais violent, et on commençait à renifler leur pesanteur de gaz lacrymogènes, beaucoup plus désagréables que nocifs. On dénombrait les pertes faites et cela n'était pas un peu sans tristesse. Enfin les communiqués officiels ne marquaient point les succès qu'on nous avait officieusement communiqués.

Vers le soir, les bulletins de renseignements nous apportaient quelques détails curieux sur les troupes engagées devant nous, leur nombre, leur compostion, leur état d'esprit, d'après l'interrogatoire des prisonniers. Le Kronprinz a envoyé quelques-uns de ses meilleurs bataillons pour essayer de boucher la brèche par où menaçait de se ruer la poussée française. Pourtant les prisonniers sont pleins de superbe arrogance, et de défi. Ils croient, surtout, que les Russes sont définitivement vaincus. Ils rejettent la responsabilité de leur échec sur la violence de notre bombardement de 70 heures, sur leur insuffisance en munitions d'artillerie, sur leurs avions qui ne se sont presque pas montrés. Ils ont eu aussi, depuis trois jours, une alimentation insuffisante ; ils n'ont pas été ravitaillés, la gare de *Challerange* ayant été détruite par notre voisin, le mastodonte de 274 qui s'étend dans le bois comme un grand arbre mort. Avec ces renseignements on nous faisait aussi connaître que la brigade coloniale, à notre gauche, avançait toujours dans sa progression, et qu'elle avait 900 nouveaux prisonniers. On disait aussi, mais ce bruit n'était pas contrôlé, qu'à Sainte-Menehould une affiche portait le nombre de prisonniers faits depuis quatre jours, à 36.000, et que les coloniaux auraient pris la Chenille, vers midi.

Cependant nous ne nous sommes pas endormis dans la joie. Et ce matin, nous nous réveillons dans le bombardement. Les Boches nous en veulent, et notre bois, qui était si paisible ces jours derniers, paraît malheureusement commencer à les intéresser ! Nous en concluons qu'ils ont ramené des pièces. Un avion boche s'est bien promené sur le bois pendant longtemps, sans que nos avions, qui se lèvent tard, lui aient donné la chasse et peut-être se sera-t-il enfin aperçu qu'il y avait dans notre coin une centaine de pièces d'artillerie dissimulées un peu partout, et d'ailleurs, pour la plupart, à l'abri de leurs coups.

Le planton du commandant est venu nous apporter une note communiquée par la division. Elle annonce un grand succès à la gauche de notre armée, au Nord de Souain. Une brèche aurait été faite par laquelle *quatre brigades* seraient déjà passées, ce qui permettrait d'entrevoir d'autres succès. La percée, même sur un front restreint serait une chose si précieuse, que nous en oublions les marmites qui tombent comme grêle ! Mais cependant, nous avons été tellement bernés, tous ces jours-ci par les fausses bonnes nouvelles, que nous n'osons nous livrer à la joie.

30 Septembre 1915.

40.000 prisonniers, 210 canons. La percée faite, hier, à Somme-Py. Deux corps d'armée passés par la brèche.

Quelques faits que je note pour mémoire : Quand les Allemands ont su que le 337e était en face d'eux, ils ont mis devant nos tranchées un grand écriteau avec ces mots :

LES ASSASSINS D'HEBUTERNE

Le 337e, en effet, ne les avait pas ménagés. Les prisonniers allemands étaient fort surpris qu'on ait pu enlever leur position de la *Main de Massiges.* Ils croyaient que pour la défendre, il suffirait d'une vieille femme avec une mitrailleuse. Les officiers se plaignaient de la qualité de leurs troupes. Leurs soldats ne veulent pas marcher « *avec de pareils hommes on ne peut vraiment combattre ; il faut s'armer d'un bâton et d'un revolver.* »

...Méridionalisme d'un observateur d'artillerie : « J'étais en observation, je vois les nôtres s'élancer, puis prendre la tranchée boche. Mais il me semble que des hommes reviennent en arrière. Je suis intrigué. Avec une jumelle qui grossit 66 fois, je regarde. C'étaient les nôtres qui indiquaient aux Boches la tranchée française, à grand coups de pieds dans le c... »

2 octobre 1915.

Nous quittons, ce soir, les caves canadiennes pour aller relever une de nos compagnies dans les tranchées. Il fait un froid de loup. Tout paraît rentré dans le calme. Le canon ne gronde plus que faiblement. Les actions d'infanterie sont à peu près arrêtées. On dit que les coloniaux ont encore fait 380 prisonniers dont 150 par un capitaine de génie et un sergent qui rencontrant une compagnie allemande dans un boyau l'ont sommée de se rendre, avec une audace telle que les Allemands ont cédé immédiatement.

4 octobre 1915.

Nous vivons une vie d'hommes des bois qui n'a rien de particulièrement agréable. Et nous regrettons la Somme !

6 octobre 1915.

La lutte continue toujours à notre gauche sur la chenille et l'oreille dont tu as lu la description dans le journal d'hier. Nous, entre l'Aisne et Ville-sur-Tourbe, nous sommes tranquilles derrière la Tourbe qui nous sert de protection.

7 octobre 1915.

Nous sommes depuis deux jours dans la tranchée. Il y fait très froid et notre état d'âme est assez mélancolique comme l'automne lui-même.

8 octobre 1915.

L'affaire bulgare fait assez mauvais effet sur le front. On voit avec déplaisir un nouveau front de bataille ajouté aux autres alors que le nombre d'hommes diminue, mais je tâche de relever les courages. D'autre part, nous avons des nouvelles du front de Champagne qui sont assez rassurantes.

9 octobre 1915.

Nous avons mangé, hier, deux excellentes perdrix tuées au Lebel.

Nous allons, probablement, changer de place bientôt.

12 octobre 1915.

Je suis un peu spleenetique en ce moment. L'offensive n'a pas donné les résultats que j'en attendais, ni surtout ceux que l'on annonçait. Je trouve grave l'affaire des Balkans, elle a été mal conduite par les alliés, que leur honnêteté, leur sens du droit, leurs intentions généreuses desservent, décidément, dans cette lutte. J'incline en ce moment, non au pessimisme qui consiste à se décourager et à se démoraliser, qui veut lâcher, je trouve, au contraire, qu'il faut, à mesure qu'on échoue, redoubler d'ardeur et d'énergie, mais au pessimisme fondamental, qui croit que dans le monde, le mal l'emporte généralement sur le bien, et que la voie du progrès et du triomphe de l'idéal, est pleine d'aspérités et semée d'obstacles.

Et la longueur de cette guerre, dont je ne prévois plus la fin, n'est pas sans inspirer quelques appréhensions. Les Boches ne reculent, évidemment, devant rien ; ils ont actuellement pour eux l'ivresse de faciles victoires sur les Russes, la complaisance de politiques ambitieux ou corrompus, l'ignorance ou la veulerie des peuples, la complicité des souverains de leurs races qu'ils ont installés, avec notre gré, sur les trônes, et le manque de décision et de coordination de nos efforts. Il faudrait que tout cela change. Nous avons les atouts ; nous devrions déchaîner dans les Balkans les mouvements démocratiques et révolutionnaires contre les trônes étrangers qui seraient favorables à notre cause.

Mais je ne veux pas continuer cette mélancolique méditation.

14 octobre 1915.

Les permissions sont rétablies, ce qui fait le bonheur de nos hommes mais en même temps, annonce l'arrêt définitif de notre offensive sur notre front.

17 octobre 1915

J'ai quitté la tranchée pour aller plaider à l'arrière, au conseil de guerre. Hélas ! j'ai eu la douleur de ne pas pouvoir sauver la tête d'un de mes clients.

19 octobre 1915.

Nous sommes revenus dans le bois d'Hauzy, au milieu de la mélancolie de l'automne. Mon petit client a été exécuté hier. J'en suis encore malade. D..., le sergent parti, hier, en permission, te donnera de mes nouvelles.

20 octobre 1915.

En passant à Sainte-Menehould.

Après la triste séance du conseil de guerre, j'ai acheté les cinq derniers volumes sur Jean-Christophe de Romain Roland. J'ai lu ces livres sans désemparer, avec passion, comme je n'ai certainement jamais lu. J'en fais un paquet et je le renvoie à Pont-Audemer ; si tu as le courage de t'atteler à cette lecture un peu philosophique, tu en seras, je crois, très contente.

On a beau lire le journal où les nouvelles succèdent aux nouvelles, le succès recule à mesure que nous croyons l'atteindre. Je ne suis ni démoralisé, ni découragé, je suis pourtant patient et résigné de coutume, mais plus anxieux et plus inquiet.

21 octobre 1915.

...Nous avons été sur les collines voisines voir les artilleurs et leurs observatoires. Quel luxe de précautions ! Leurs observatoires sont sous terre, et blindés. On regarde seulement par le créneau derrière lequel un rideau noir intercepte toute lumière. Une jumelle d'une extrême précision ne peut arriver à repérer de tels abris.

Il paraît, d'ailleurs, que sur le plan directeur allemand, chipé pendant l'attaque, on lit ces mots au sujet des observatoires : « *Batterie de 75, sous coupole blindée, peu active.* » Je le crois bien qu'elle est peu active, il n'y a pas de canons !

23 octobre 1915.

Pont-Audemer me semble avoir été singulièrement éprouvé par la dernière attaque, ce pauvre Marcel D... revenu du Canada, pour se faire tuer, quelle destinée tragique !

Le quartier général s'établit à partir d'aujourd'hui, à Verrières, au Sud de Sainte-Menehould, à 17 kilomètres du front.

L'autre jour, le 15, quand j'ai reçu le coup de téléphone qui me convoquait pour le lendemain 16, au Conseil de guerre, j'étais ravi. J'arrive, je cours au greffe du Conseil de guerre, je regarde mon dossier. Hélas ! la chose est grave. Voilà : Mon client, un soldat du 403e, qui m'avait choisi, à cause de ma bonne renommée, un gosse de 22 ans, était accusé d'un refus d'obéissance en présence de l'ennemi. Le 5 septembre, il était en petit poste, à 100 mètres en avant de la tranchée, en plaine et sans abri, ce qui est, pour les hommes, une situation extrêmement pénible. Son caporal lui dit d'aller en avant, en sentinelle, pour servir d'homme de liaison avec une patrouille qui était encore plus avancée. Il déclare que ce n'était pas à son tour de marcher. Le caporal, qui ne voulait pas avoir de discussion si près de l'ennemi et de nuit, en envoie un autre à la place de T..., sans insister. Un quart d'heure après, feu de mitrailleuse. Tout le monde se couche. T.. croit qu'un de ses camarades le pousse et que le petit poste se replie. Il se réfugie dans un boyau à quelques mètres de là, et y reste pendant un quart d'heure à l'abri, tant que la mitrailleuse arrose. Après quoi, il rejoint ses camarades. Le 7, deux jours après, il est emmené pour être de patrouille. La veille, il a vu revenir dans la tranchée deux patrouilleurs amochés. Il en a été fort ému. Pourtant, il sort. Au bout de 40 mètres, il est pris d'une effroyable vénette. Il lâche sans rien dire, et rentre dans la tranchée où il prend la faction. Son capitaine, un ancien officier du Bat. d'Af., qui en a déjà fait fusiller quatre depuis qu'il commande la compagnie, son capitaine, un Monsieur Rablot, qui n'avait pas porté de punition pour les deux faits du 5, fait, le 9 septembre, une plainte en Conseil de guerre, pour les trois faits du 5 et du 7.

Voilà quels étaient les faits.

Un autre soldat de la même compagnie était accusé de faits analogues, et enchaîné avec mon client. Le commissaire rapporteur était tellement sûr de leur condamnation à mort, qu'il avait, d'avance, fait préparer leur fosse.

Pourtant je m'en allai dîner à Sainte-Menehould avec l'espoir de sauver une tête...

Je travaille ma plaidoirie... et le lendemain, à 8 heures, j'étais à Chaudefontaine. Le Conseil de guerre siégeait sur la colline, près du château, dans le parc, sous une grande tente installée par l'ambulance...

Je réussis à faire écarter les deux premières accusations (c'est une des meilleures plaidoiries que j'ai faites), faits du 5 septembre, mais on retint la première : celle du 7. Mort ! Je fus atterré. Je m'en allai voir le général de division, à 11 kilomètres de là, il me reçut bien, mais le 18, j'apprenais que les deux malheureux gosses avaient été passés par les armes. Ils s'étaient, eux qui mouraient pour leur lâcheté, montrés braves devant cette mort atroce, et ils sont tombés au cri de « Vive la France ».

J'ai reçu, avant-hier, la lettre d'un nouveau client accusé, celui-ci, d'espionnage et d'intelligence avec l'ennemi. Voilà une histoire brièvement résumée : tu me connais assez bien pour comprendre que cela ne m'a pas laissé indifférent.

⁂

26 octobre 1915.

Hier, nous avons fait une admirable promenade sous bois, avec le capitaine Guillaumin, rapporteur au Conseil de guerre de la 16e division coloniale, et que nous avons retrouvé là, par hasard. Le front est long et il n'est pas large. Il est analogue à l'unique rue d'une grande ville où l'on serait sûr de rencontrer toutes ses connaissances, à condition de prendre le même trottoir.

Donc, le féroce rapporteur, ayant une âme de chasseur, amant de la nature, nous sommes allés nous promener en forêt, et Dieu sait si la forêt est belle par ces dernières journées d'automne.

Le temps se remettait au beau. Le crépuscule répandait sa pourpre sur les ors des hêtres. Nous sommes arrivés au bord d'un étang qui était, dans la paix de la forêt, une véritable coupe de beauté et de solitude. Les chênes, les sapins, les hêtres et les délicieux bouleaux égrenaient leurs feuilles sur l'eau noire de ce miroir d'ébène.

Le silence était absolu, troublé seulement de temps à autre, par le cri aigu du roitelet ou bien par le vol d'une bécasse. C'était vraiment ravissant.

⁂

28 octobre 1915.

Que de vides creuse la guerre dans mes amitiés ?

As-tu appris la nouvelle de la mort de Vimard ? Tu sais combien je l'aimais, et à quel point cette amitié m'était précieuse. Il est tombé, comme beaucoup d'autres, dans cette attaque de Champagne. J'en suis encore bouleversé. Il ne faut pas s'appesantir sur ses tristesses, le poids de la vie serait trop lourd. Mais que de sacrifices nous causera cette guerre !

⁂

30 octobre 1915.

Au Conseil de guerre, j'ai plaidé pour cinq clients, obtenu deux acquittements et des peines légères pour mes autres clients...

Souffrant, j'ai dû me faire évacuer, pour quelques jours, sur une ambulance, où je suis d'ailleurs resté sans aucuns soins depuis deux jours...

⁂

Novembre.

Toujours sous la tente d'ambulance,et dans l'attente du départ. Couché pendant huit jours, je n'avais rien à t'écrire. Je ne suis pas encore tout à fait guéri, et cependant je suis porté sortant.

⁂

16 novembre 1915.

Je ne suis pas trop mal installé si l'on reste là. Mais quel pays d'horreur ! Si l'on donne un coup de pioche, on déterre des cadavres. Et, vraiment, la guerre endurcit prodigieusement nos cœurs, cette désolation n'attriste même pas. La vie continue son œuvre par de-là tous ces tombeaux ignorés !

⁂

17 Novembre 1915.

Je vais reprendre l'habitude du petit mot quotidien puisqu'il te sert à la fois de cordial et de potion pour le sommeil. Ma case est actuellement presque confortable. Un feu joyeux flambe dans la cheminée artistique construite par le fumiste C... J'ai un bureau, une table de toilette, une porte qui clôt bien, une fenêtre faite avec des bouteilles, un lit moëlleux dont le sommier est du grillage à poule, des étagères, un toit qui me met à l'abri de la pluie, bref, un palais.

Le seul ennui de cette tranchée, c'est la multiplicité des cadavres qui l'habitent. Ils sont innombrables. Il en a coûté cher, je t'assure, de défendre ce coin de pauvre, de misérable terre. Ce matin, nos hommes recreusaient pour refaire une cagna éboulée. Ils ont encore à fleur du sol découvert deux macchabées. Et l'on regarde cela avec une insensibilité presque absolue !

20 Novembre 1915.

Imagine, parmi les arbres dépouillés par les obus, des cadavres sur lesquels s'abattent des vols de corbeaux, et tu auras une idée du sinistre tableau qui nous entoure !

✤

21 Novembre 1915.

On s'embête énormément. Il va y avoir quelques modifications dans le régiment **Nos jeunes classes 1900-1899** vont nous quitter **et passer dans des régiments actifs de la division. D'autre part,** on nous annonce **que les classes 91, 92 et même 93 seraient rappelées dans** les régiments d'étapes, et **remplacées dans** les régiments territoriaux **par les classes plus jeunes** : 15, 16. 17, 18. **Tout cela indique** un remaniement assez complet, **dû à** l'initiative de Galliéni.

✤

24 Novembre 1915.

Regarde une carte de la Champagne pouilleuse ; **fixe à** peu près l'endroit où nous **sommes ; dis-toi** que des villages de Mesnil-**les-Hurlus,** Saint-Jean, Somme-Bionne, il ne **reste rien** du tout, ou des ruines...

✤

25 Novembre 1915.

Nous ne sommes pas mal dans ce vilain **coin. Nous** faisons un peu le rôle de fossoyeur. **On trouve** sur les cadavres boches **des lettres,** témoignages irrécusables de l'épuisement **moral** et matériel de l'Allemagne. **Les hommes** y sont mobilisés depuis déjà **quelque temps,** jusqu'à 55 ans. Et ils sont **limités partout** à une demi-livre de pain par **jour. Ils expriment,** en général, une grande **crainte, mais** aussi une grande haine du **soldat français.**

✤

29 Novembre 1915.

Il pleut, et la pluie est certainement ce **qu'il y a** de plus désagréable dans la tranchée, **et qui** paralyse tout mouvement.

✤

1er Décembre 1915.

Les marmites font de-ci de-là quelques **victimes,** une d'entre elles a tué l'autre jour, **sur notre** ligne, le pauvre B..., instituteur à **Toutainville,** qu'on a enterré hier, dans le **cimetière** de Mesnil-les-Hurlus.

Décembre 1915.

J'ai été dérangé par le colonel qui me faisait appeler chez lui pour me demander de m'occuper du journal « L'Echo des Tranchées » ; l'adjudant Paul Reboux, dont je t'ai parlé plusieurs fois peut-être, étant appelé à la disposition du ministère des Affaires étrangères... Cela me sera une occupation de plus, mais j'ai cependant accepté cette besogne supplémentaire pour lui faire plaisir. Avant cette visite au colonel (à trois kilomètres en arrière de la ligne), j'avais fait une grande promenade, en arrière de nos lignes, aux entonnoirs. Quel spectacle ! les cratères des mines sont pareils par leur dimension et leur tristesse, à ceux des volcans. Il y en a qui ont soixante-quinze mètres de diamètre, les anciennes tranchées sont pleines de cadavres, d'ossements. Les corps gisent encore desséchés depuis des mois dans la position où les a frappés la mort. Sur cinq cents mètres de large, le terrain est bouleversé, plein de débris, mais formé de dunes, toutes comme des vagues, et stériles comme elles. Cela vaudrait une description.

✤

6 Décembre 1915.

Quelle relève, quelle tempête, que de boue, et comme disait ce ministre: « Que d'eau,que d'eau ! » Enfin nous voici arrivés dans notre cantonnement de rafraîchissement, et il est fort gentil. *Pour faire huit kilomètres, nous avons mis six heures*, suant, haletant, nous arrachant à l'enlisement. Nous avons embarqué à Somme-Tourbe, harassés, à 9 heures du matin et les automobiles, de lourds camions, où les hommes étaient 16 par voiture, nous ont débarqués ici, à Saint-Quentin-les-Marais, à une heure de l'après-midi.

✤

26 Décembre 1915.

Nous avons passé hier une mélancolique journée de Noël, d'autant plus mélancolique pour moi, que j'avais espéré me réchauffer en ce jour de fête, près du foyer maternel. Le vingt-trois décembre, je suis venu avec les officiers du bataillon reconnaître nos nouveaux emplacements : 150 kilomètres en auto, aller et retour, 20 kilomètres à pied, à travers la mer de boue qu'est la zone des armées de Champagne. Mais tout de même, bons moments. On s'est arrêté à 8 heures du soir, sales comme dix... à Châlons, pour y dîner, et cela nous a valu, quand nous avons franchi la porte, une petite réception flatteuse : « Au moins ceux-là ne sont pas des embusqués ». Le 24, relève. Nous arrivons à Sommes-Suippes à 2 heures de l'après-midi ;

au cantonnement, un bois boueux, à 7 kilomètres plus au Nord), à 5 heures. Les troupes que nous devons remplacer ne s'en vont que le lendemain. Nous errons sous les sapins. Les hommes vont-ils être obligés de coucher dehors ? Vont-ils devoir monter leurs tentes dans la mouscaille ? ! Les gens que nous venons remplacer et qui sont du Midi nous font un accueil à la fois aimable et grognon. On les dérange un peu. Cependant, officiers et soldats se serrent, mais nous sommes d'accord pour dauber sur l'état-major du 6e corps qui fait des gaffes pareilles !

Nous allons être occupés à faire des travaux, à construire des fortins, des abris, des routes. Mais quelle misère ! Les trois quarts de l'effectif sont encore couchés sous la tente ! Et le temps est épouvantable, la pluie ne cesse pas, et le vent dans les sapins a des résonnances d'ouragan.

*

6 janvier 1916.

Me voilà revenu dans ma tranchée après un séjour utile et agréable dans cette bonne ville de Paris que j'ai trouvée pleine de charme, d'attrait, de gaieté et d'égoïste insouciance.

*

7 janvier 1916.

Nous nous attendons d'un jour à l'autre à passer dans des régiments du corps d'armée, puisque 7 officiers ont déjà été enlevés au 17e et que le général Lanquetot aurait annoncé que, prochainement, il y aurait une nouvelle « charrette ». Mais je suis, tu le sais, d'un caractère accommodant et l'attrait du nouveau me console du regret de l'ancien. Nous sommes au Trou Bricot, qui est plein de boue !Deux compagnies sont plus avancées, en face cette fameuse cote 193, si célèbre en ce moment, et si généralement bruyante. On annonçait une attaque pour hier, mais, naturellement, il n'y a rien eu.

*

8 janvier 1926.

J'ai été, dans l'après-midi, voir l'installation de mon journal. Nous allons faire paraître le numéro du 30 novembre, ce qui fait 4 numéros en retard. Ce n'est pas une chose très facile que de faire ce journal sur le front ! Pour ma part, une visite au journal, c'est 10 kilomètres de marche, et cela manque de tramways ou de métros du Trou Bricot au camp I. Il y a une route construite en troncs d'arbres, ce qui est un travail de romain, d'ailleurs inachevé. Mais ce genre de pavés de bois est particulièrement propre aux chutes et sur cette voie où la circulation est intense, où camions, prolonges d'artillerie, caissons, cavaliers, fantassins, se croisent en tous sens, on s'embourbe d'un côté, on se casse la g... de l'autre. Cavaliers et fantassins dégringolent à qui mieux mieux...

J'espère que tous les départs successifs ne t'ont pas trop laissé de vide au cœur, et que tu auras repris, sans trop de peine, après ces jours de vraie fête, le courant habituel de tes occupations. Moi, je suis rentré cette fois avec le sentiment que j'avais en rentrant au collège, après les vacances.

Tu peux escompter me revoir dans 140 jours environ, soit 5 mois, à moins que d'ici là, nous ne soyons passés dans l'active.

*

10 janvier 1916.

J'ai été hier à Sommes-Suippes, 20 kilomètres de marche difficile sur une route de rondins ou de boue, pour aller consulter le dossier de cinq poilus. Il y a sur ces cinq affaires une cause vraiment intéressante : celle d'un adjudant qui a, le 21 septembre dernier, quelques jours avant la grande attaque de Champagne, abandonné son poste et déserté. C'est une affaire difficile, à laquelle je vais attacher tous mes soins.

Grande nouvelle : le commandant d'Halleroye, le chef du 3e bataillon, vient d'être nommé lieutenant-colonel à la date du 8 janvier. Dès demain, le lieutenant-colonel va passer à la division.

*

16 janvier 1916.

Ma journée d'hier a été excellente. J'ai sauvé la tête d'un adjudant du 403e, inculpé d'abandon de poste en présence de l'ennemi. Tout le monde, avant l'audience, et moi-même, croyait à la certitude d'une condamnation à mort. J'en avais averti mon client avec une grande émotion, dans la matinée, et lui avais dit de prendre ses dispositions. Mais j'ai plaidé la neurasthénie, le découragement, l'alcoolisme. J'ai fait valoir l'inutilité de la cruauté de la peine de mort, et enfin j'ai tiré parti de la situation de famille (deux enfants, une pauvre femme, un vieux père de 74 ans), j'avais une lettre magnifique et désolante du père. Par trois voix contre deux, la peine de mort a été écartée et le malheureux, qui n'était qu'une loque, a été condamné à 20 ans de détention. Son ordonnance qui avait été entraîné avec lui dans sa désertion et pour lequel je plaidais, a été condamné à 10 ans de réclusion. J'avais trois autres clients : un apache de Paris qui avait insulté ses gradés, et qui n'est pas d'un caractère fort affable ! Il assimile volontiers, quand il est en colère, le genre humain et l'espèce bovine. J'ai plaidé avec bonne humeur en me moquant un peu de lui. Il aurait été condamné au plus à deux mois de prison. Mais le colonel Quatrehomme qui présidait le Conseil de guerre lui a demandé s'il regrettait ses paroles. « Non ! » a-t-il répondu avec brutalité. Alors il a écopé deux ans. « Tant mieux, m'a-t-il dit, dans deux ans la guerre sera finie. J'aime pas qu'on se paie ma g....., je suis pas une gonzesse ! On me demande si je regrette Je ne regrette pas, je ne peux pas dire que je regrette ! » Deux autres clients ont eu des minimums. En somme je suis très content de ma journée qui a fini par un dîner chez le colonel et avec lui, et par le retour ici, sur la route de rondins extrêmement glissante.

Un nouveau à la compagnie : Ch. A..., de Quillebeuf, récemment promu sous-lieutenant, qui a été fort content de me retrouver là et que j'ai été moi-même fort heureux de voir venir, car il est charmant, de conversation agréable, et nous pouvons ensemble parler du pays.

17 Janvier 1916.

... Nous venons de visiter Souain qui est tout à fait en ruines, dont pas une maison n'est intacte, mais enfin qui subsiste encore comme le Pompéï du début de la guerre, mais enfin qui existe, alors que des Perthes, des Hurlus, des Mesnils, il ne reste pas, à la vérité, pierre sur pierre.

Ce qu'il y a de plus curieux, ce sont les deux cloches superbes de l'église tombées parmi les décombres sur la route de Somme-Py.

En revenant, nous avons été pris par une véritable tempête de neige. Nous sommes rentrés, contents après l'orage, de retrouver le calme des cagnas.

25 janvier 1916.

... J'ai réfléchi souvent au problème de la natalité. Cette guerre est pour nous un crépuscule sanglant et magnifique, mais un crépuscule. La France ayant perdu ses jeunes hommes, est affaiblie à jamais.

Nouvelle : Nous devons aller dans la Somme, secteur Sud d'Albert, vers le 12 février.

29 janvier 1916.

J'ai organisé un concert et travaille au journal. Ce sera la dernière preuve d'activité que je donnerai au 17e. En effet, hier, j'étais allé passer la journée à Châlons et j'y avais fait des commissions pour tout le monde. Je revenais, chargé de paquets. Tout le monde était à table, à la popote. Je prends le rapport pour le lire. Le commandant Malet me prend le rapport des mains en me disant : « Ah ! vous n'allez pas lire cela tout de suite. Mangez avant ». Sans me douter de rien, je raconte gaiement ma journée. Et puis, à la fin du repas, on m'annonce qu'avec six autres officiers du régiment, je suis versé dans l'active. C'est la seconde charrette dont parlait récemment le général Lanquetôt, puisqu'à la date du premier janvier, sept autres officiers étaient déjà partis.

Ce changement n'est pas sans me causer une certaine émotion, sans me laisser de vifs regrets, mais, d'autre part, tu sais que j'ai toujours désiré faire partie d'une formation vraiment active. L'appel du pays vient un peu tard, après dix-huit mois de campagne et de fatigue, mais il vient et j'y réponds de grand cœur.

Je regrette seulement de n'avoir pas pu choisir mon régiment. J'aurais, de préférence, pris le 403e, où il y a beaucoup de Normands, et je n'aurais certainement pas choisi le 410e, composé de Bretons et de Vendéens. Mais il faut faire sa tâche dans la voie où le sort vous appelle... Et j'espère me créer, vite, au 410e, de bonnes amitiés, comme au 17e qui, d'ailleurs, est en train de se disloquer. Triste nouvelle qui m'a profondément ému : Le sergent Paul Cavailler, du 403e, a été tué à la relève dernière, en plantant des fils de fer. Il a été atteint par une balle allemande. Il est enterré près de la cote 193, auprès du boyau Pomarède.

31 janvier 1916.

J'ai été pris par l'organisation de mes concerts qui ont été fort bien réussis.

1er février 1916.

Me voilà installé dans ma nouvelle compagnie. Nous avons, hier, fêté notre départ.

Mon adresse est donc désormais : 410e régiment d'infanterie, 3e compagnie, secteur 163. Le commandant de bataillon est le commandant Couriéges du Pont, devant lequel j'avais plaidé l'affaire Ternicieux et qui avait été un des juges cléments. C'est un commandant d'active, jeune (40 ans environ), fort simple, fort cordial et très agréable causeur. Nous faisons popote avec lui et je viens de dîner en sa compagnie. Il nous a raconté sa journée d'attaque du 25 septembre, au cours de laquelle il a été blessé, de manière fort intéressante.

Le commandant de compagnie est un jeune lieutenant de 28 ans, nommé Nicolas. Il est de sa profession civile, instituteur. C'est un garçon qui paraît fort énergique et fort sérieux. Je le connaissais pour l'avoir rencontré dans un Conseil de guerre. Je suis, en somme, fort peu dépaysé et cela atténue la peine naturelle que l'on éprouve à quitter des camarades de 18 mois, et de vieilles habitudes.

Nous allons bientôt être relevés par le 403e pour aller au repos à Sommes-Suippes.

⁂

2 février 1916.

Mon impression continue à être bonne mais, évidemment, la vie de l'active va apporter à mes habitudes territoriales une modification considérable.

De l'honorariat je suis promu au titulariat, magnifique honneur qui ne me déplaît pas, puisque je l'ai sollicité jadis, mais qui est venu un peu tard, après 18 mois de fatigue, à l'heure où l'on entreverrait avec plus de satisfaction les douceurs de la retraite. Mais néanmoins, je pense bien vite me plier à cette vie nouvelle et reprendre, au contact des visages adolescents, une nouvelle jeunesse.

Ce matin, j'ai fait une reconnaissance avec un commandant de compagnie dans les ouvrages avancés que nous devons occuper en cas d'attaque, et ce soir, je vais aux travaux avec une corvée de la compagnie.

⁂

3 février 1916.

J'ai reçu aujourd'hui une lettre bien attristée de M. Cavailler. J'irai sur la tombe de son fils et je vais tâcher de lui faire faire un entourage. Je lui en donnerai le plan, et lui indiquerai l'endroit exact. Demain nous retournons au T. B., c'est notre tranchée de repos.

⁂

7 février 1916.

Nous sommes revenus au T. B., dans lequel j'ai déjà passé, avec le 17e territorial, de longues journées. Mais la différence des deux régiments se marque immédiatement par le fait qu'autrefois au T. B., le bataillon territorial était considéré comme au repos.

Le lieutenant Nicolas, dont tu m'as entendu faire l'éloge, est remarquable d'activité et d'intelligence. Il a beaucoup du caractère du pauvre Marinier, tué à Lassigny, près de moi. Il est délicat et fin.

⁂

Février 1916.

Je ne t'ai pas écrit hier, le bridge et le service ayant inégalement absorbé tous mes instants, mais le bridge est un service commandé comme tous les autres. On est, ma foi, fort tranquille ici, bien que l'artillerie fasse beaucoup de bruit, et que le déserteur hebdomadaire annonce, de la part des Boches, des préparatifs d'attaque.

⁂

Février 1916.

Je suis allé, hier, avec mon commandant de compagnie, visiter les entonnoirs de la ville de Perthes. Ce sont des excavations extraordinaires creusées par les explosions de mines. Tout autour il y a le champ de bataille, c'est-à-dire un sol remué par les obus de telle façon qu'il ressemble à une mer à vagues agitées. C'est un paysage fantastique. Je dois, aujourd'hui, y mener le commandant.

⁂

9 février 1916.

Tout est calme et tranquille et la vie au 410e ressemble à s'y méprendre à celle qu'on mène au 17e.

Tous mes soldats sont des classes 14 et 15. Je suis le doyen de ma section, cela me change, puisque dans la territoriale, j'étais le benjamin.

⁂

10 février 1916.

Rien à signaler. Santé et moral excellents.

⁂

11 février 1916.

Mon travail militaire d'hier s'est borné à passer une revue d'armes aux jeunes poilus sans poil de ma section. et à faire une petite reconnaissance qui a duré une heure et demie.

⁂

14 février 1916.

Nous sommes un peu agités en ce moment sur notre secteur et la correspondance en souffrira certainement. Cependant, il n'y a rien de grave, rien d'inquiétant. Seulement les Boches se montrent agressifs et ont, manifestement, des intentions hostiles. Seulement, comme disent les poilus, ils tomberont sur un bec.

C'est toujours un peu mouvementé par ici, mais il n'y a pas grand mal jusqu'à présent, notre bataillon est parfaitement indemne. Mais ce n'est pas encore l'heure des grandes correspondances.

17 Février 1916.

Nous voilà en première ligne, dans un secteur excessivement sale, où nous avons de l'eau jusqu'à la ceinture, et où les Boches sont assez agressifs. Il fait froid et il pleut, c'est assez moche !

18 Février 1916.

Le secteur est sale et boueux, un peu marmité, et on a de l'eau jusqu'à la ceinture. Mais tes lettres y arrivent, et cela suffit. Je ne crois pas que nous soyons là pendant bien longtemps, heureusement. J'ai surveillé une route à 35 mètres des Boches, et je t'assure que je les vois bien !

(Lettre arrivée le 22 février 1916.)

C'est encore l'heure des petites cartes, il y a une petite amélioration dans notre situation. Il fait beau depuis ce matin, mais ma nuit a été terriblement agitée, et j'ai eu un peu de casse dans ma section. Nous avons l'espoir d'une relève prochaine.

Ça continue à beaucoup taper dans notre secteur, mais ça continue à bien aller. Je fais vraiment œuvre d'officier d'active, et même d'officier actif. Je vois des Boches, et je les reçois à coups de grenades. Je me porte bien, mais suis un peu fatigué. J'ai reçu la vareuse, renvoyée en arrière, la crème de marrons consommée avec enthousiasme. Ici, c'est vraiment la misère.

22 Février 1916.

Rien de nouveau dans notre secteur, sinon la neige. Il fait un froid de canard. Nous sommes horriblement mal installés et vraiment la vie n'est pas gaie !

23 Février 1916.

C'est toujours le régime des petites cartes. J'espère que c'est le dernier ou l'avant-dernier jour et que, demain ou après-demain, je pourrai me livrer aux douceurs d'une correspondance prolongée ?

25 Février 1916

Mort du Lieutenant NOLENT

*Nous avons pensé qu'il serait agréable aux camarades de combat et aux nombreux amis d'*EUGÈNE NOLENT, *de prendre connaissance des lettres élogieuses et si poignantes aussi qui furent adressées, au lendemain de sa mort, à sa Mère, Mme Nolent-Neuville, ainsi que des notices qui furent publiées alors ?*

Nous les livrons aujourd'hui à la publicité ! On verra, à parcourir ces lettres, que c'est le plus bel hommage rendu à la mémoire du lieutenant NOLENT.

J. LEROY.

SA CITATION A L'*OFFICIEL*

Du *Journal Officiel* (4 Avril 1916), parmi les nominations de Chevaliers de la Légion d'honneur :

Nolent (Eugène), sous-lieutenant au 410me régiment d'infanterie.

« Officier d'un trés grand courage. Au cours de l'attaque d'un barrage allemand fortement organisé, a entraîné sa section avec un élan remarquable ; s'est tenu au point le plus dangereux pendant plus d'une heure, sous un feu intense de mousqueterie et d'artillerie, donnant à ses hommes le plus bel exemple d'intrépidité et d'abnégation. Est tombé grièvement blessé au cours de l'action. »

Lettres d'hommage à sa Mémoire.

Lettre de l'Aumônier, infirmier militaire, ambulance 3/11 (*secteur* 82).

Le 6 mars 1916.

Madame,

J'ai eu l'honneur d'assister M. le lieutenant Nolent, durant les dernières heures de sa vie qu'il a vécues à l'ambulance. Malgré la blessure extrêmement grave qu'il avait reçue, il conservait toute la lucidité de sa belle intelligence, aussi il conversait de son lit de souffrance avec son ami, le lieutenant Sageat, blessé dans la même attaque.

Durant la première nuit que je le veillai, j'appris de lui qu'il s'était confessé avant l'assaut de la tranchée ennemie. J'ai su depuis, qu'alors, il avait fait une splendide profession de foi, catholique et patriotique. Son âme était donc parfaitement prête au grand voyage, surtout après le grand sacrifice qu'il avait fait de sa vie à Dieu pour la France.

Ses dernières heures furent toutes remplies d'une belle énergie et d'un grand courage. Toutefois, Madame, il est un souvenir qui revenait sans cesse dans l'âme et sur les lèvres de votre fils agonisant : votre souvenir. Voilà pourquoi il me dicta alors la carte qui devait vous porter sa pensée et l'expression de son filial attachement. Il voulait que vous fussiez très intimement associée à l'honneur que lui faisait le général Gouraud en lui envoyant la croix de la Légion d'honneur et la croix de guerre avec palme. Ce n'est pas sans une poignante émotion que le général commandant le 11e corps lui remit ces insignes de gloire. J'ai vu que sa voix tremblait un peu quand, embrassant votre fils, il dit : « Je vous remercie... je vous remercie... au nom de la France. »

Il était alors 9 heures. Durant le cours de la journée, le blessé s'affaiblit visiblement. Vers le soir, la respiration devint plus lente, la parole plus nerveuse. Je lui donnai les derniers sacrements. M. le docteur Tullère, de la Roche-sur-Yon, qui l'avait soigné depuis son entrée à l'ambulance revint près de lui vers 22 heures. Votre fils était calme. La poitrine ne se soulevait déjà plus que par de longs intervalles, et c'est sans secousse, sans violence, et comme en entrant dans un plus profond sommeil, qu'il rendit sa belle âme à Dieu.

Sa tombe est ici dans le cimetière militaire. Déjà de nombreux amis sont venus visiter l'endroit de son repos.

J'ai répondu à votre demande, Madame, en célébrant la sainte messe pour votre fils. Mais, j'en suis convaincu, moi qui ai été édifié par sa belle attitude devant la mort, il a reçu la récompense promise par Dieu aux bons serviteurs.

Veuillez agréer Madame, etc

Signé : Faguesse,
Infirmier militaire

***

Lettre du Commandant des Roys.

Madame,

Pardonnez-moi de troubler votre douleur, mais je ne puis m'empêcher de vous dire combien, moi aussi, je ressens votre émotion. 17 mois passés jour par jour en vie commune, en de pareils temps, m'ont fait apprécier toutes les qualités de celui que nous pleurons avec vous.

Si cela peut être une consolation pour une mère, sachez qu'il est tombé en héros après s'être déjà montré héros quelques jours auparavant.

Les hommes d'une barricade étaient tous quatre blessés, deux même ne tardèrent pas à mourir, votre fils se porte immédiatement à l'endroit que voulaient enlever les Allemands, et seul, en attendant des secours, maintient plusieurs d'entre eux en respect, avec son revolver, les empêchant ainsi de pénétrer dans sa tranchée.

« ... Il fut également admirable, parait-il, la nuit où il fut blessé d'une torpille aérienne. Une citation, je le sais, a été demandée pour lui à l'ordre de l'armée, ainsi que la croix des braves. J'espère qu'il aura eu la consolation de la recevoir. L'enterrement avait lieu le 26 à 3 heures de l'après-midi, à Somme-Suippe. Les raisons de service seules m'ont empêché de rendre les derniers devoirs à l'ami et au camarade que nous pleurons.

« Veuillez croire, Madame, aux sentiments de respect que je dois à la mère d'un héros pleurant son fils auquel j'étais profondément attaché.

Signé : Commandant DES ROYS.

« Le général vient de décider que le nom de votre fils sera donné à une tranchée de communication. »

***

Lettre du lieutenant-colonel du Paty de Clam.

« Pavillon-des-Chevau-Légers.
« Versailles, 15 avril 1916.

« Madame,

« Permettez-moi de vous exprimer la part bien profonde que je prends à votre immense douleur. J'avais beaucoup de sympathie pour votre cher fils qui avait été avec moi au 17e territorial, et dont j'avais pu apprécier la bravoure, l'intelligence et le caractère si exceptionnel. C'est vous dire avec quelle peine, j'ai appris sa mort glorieuse qui vous enlève un tel fils et prive notre pauvre pays d'un Français si remarquable.

« Je demande à Dieu de vous aider dans cette terrible épreuve et vous prie d'agréer, Madame, l'hommage de mes sentiments profondément respectueux

« Lieutenant-colonel
DU PATY DE CLAM.

***

Lettre du sous-lieutenant Charles Aussy du 17e territorial.

« Aux Armées, le 26 février 1916.
adressée à M. l'abbé Mulot

« Mes craintes se sont malheureusement réalisées : notre cher ami Eugène Nolent s'est éteint cette nuit. C'est une belle âme qui disparaît et je déplore douloureusement sa perte. Je plains sa pauvre mère du plus profond de mon cœur et je souhaite que la pensée de son fils, mort en héros au champ d'honneur, soit, en quelque sorte, un adoucissement à sa peine. Retenu ici, par mon service, il ne m'a pas été donné d'assister mon ami dans ses derniers moments, mais j'ai eu la satisfaction de lui parler, dans le petit train qui le ramenait des lignes sur l'hôpital, et j'ai été témoin de la ferme sérénité avec laquelle, se voyant perdu, il envisageait la mort. Ce détail peut être aussi pour sa mère un motif de consolation.

« Avant-hier, en allant à des travaux de nuit, j'ai pu voir son colonel qui m'a fait de lui le plus bel éloge et m'a dit textuellement : « Nolent était un héros, je demande pour lui la croix de la Légion d'honneur. »

« Notre camarade jouissait, auprès de ses chefs et de ses hommes, de l'estime universelle, et tous, officiers et soldats, sont touchés de sa perte.

« J'espère que, dans l'intérêt même de Madame Nolent, vous consentirez à vous charger directement ou indirectement, de la pénible mission de lui apprendre, avec tous les ménagements désirables, le grand malheur qui la frappe.

« Je vous remercie d'avance, et vous prie d'agréer, bien cher Monsieur Mulot, etc...

« CHARLES AUSSY, sous-lieutenant. »

***

Lettre de M. Triller.

« Dimanche 5 mars.

« Madame,

« Je reçois votre lettre avant celle de Madame votre tante, qui ne m'est pas encore parvenue, avec le billet ci-inclus... Vous savez que nous devions reprendre un petit poste allemand qui coupait notre ligne avancée. Le lieutenant commandait une partie des hommes chargés de cette opération, il fut blessé gravement après avoir bravement, héroïquement, rempli sa mission. Après que le poste ennemi eut été enlevé, on établit à la hâte, un barrage en terre, et toute la nuit nos hommes tinrent près de ce barrage, repoussant toutes les attaques ennemies. Au matin, l'officier, chargé de relever le lieutenant, arrivait lorsqu'au même moment, éclata une torpille aérienne lancée par les allemands. Elle était venue s'abattre juste derrière notre pauvre ami, le blessant très grièvement. Accouru aussitôt, je lui serrai la main, car il avait toute sa connaissance, et on l'emmena en hâte au poste de secours où il reçut les soins nécessaires, mais il était difficile de se faire illusion. Lui d'ailleurs ne s'en faisait aucune, et dès le premier moment me demanda aussitôt de lui donner les derniers sacrements qu'il reçut pieusement. Il tint même à faire sa confession, tout haut, devant tous à notre grande édification. Il ne souffrait d'ailleurs pas, comme il arrive souvent en ces cas, le choc ayant enlevé toute sensibilité. Il se plaignait seulement du froid, il avait si bien sa connaissance qu'il me demandait si c'était le froid du matin qui l'envahissait, ou le dernier ? On avait d'urgence demandé une auto pour le transporter à l'ambulance. Je l'ai quitté seulement quand nous l'avons mis en auto, lui serrant une dernière fois la main.

... C'était pour moi un véritable et grand ami et nous aimions à converser ensemble, ayant été rapprochés dès le commencement, par la conformité d'idées et de sentiments, et par un ami commun, M. Jos. Mariette, l'avocat, mon ancien camarade de classe. Avant de nous quitter, il me demanda une dernière bénédiction et me pria de bien vouloir écrire aussitôt à sa mère pour lui dire qu'il était blessé, qu'il était heureux d'avoir fait tout son devoir, et que sa dernière pensée était pour elle, demandant, s'il venait à succomber, d'être ramené près d'elle lorsqu'il serait possible.

Je le quittai alors pour retourner vite au feu, et il fut transporté à l'ambulance, où le bon Dieu l'a rappelé à lui... Il y est mort, comme vous le savez, le lendemain au soir. Pour ses derniers instants, c'est M. l'aumônier ou M. le curé de Somme-Suippes (c'est le même) qui pourront vous renseigner.

Je suis allé hier en votre nom prier sur la tombe de ce cher et regretté ami et lui dire un dernier adieu...

Veuillez bien agréer, madame, et présenter à la pauvre mère l'assurance de ma profonde et respectueuse sympathie. Sachant qui elle perd, je la comprends d'autant mieux.

H. TRILLER.

∴

Hommage de Pierre Laffitte, directeur d' « Excelsior ».

Madame,

J'ai éprouvé une bien grande émotion en apprenant la mort de votre fils, pour lequel j'avais tant d'affection et qui était venu me voir lors de son dernier passage à Paris. Je vous assure que parmi tous les collaborateurs qui m'ont aidé à *Excelsior*, votre fils était de ceux que j'estimais le plus pour son caractère si droit et son intelligence si fine.

Veuillez trouver ici l'hommage de ma sympathie douloureusement attristée.

Pierre LAFFITTE.

∴

Lettre du Lieutenant Nicolas au Commandant Mallet.

Aux Armées, le 6 mars 1916.

Mon Cher Camarade,

Je vous envoie, un peu tard peut-être, les quelques notes que vous m'avez demandées sur la conduite de M. Nolent :

Nous arrivons dans le secteur le 18 février. La compagnie en soutien reçoit l'ordre de fournir le P.E. Petit-Jean, poste de confiance réclamé par mes deux sous-lieutenants. Pour la première fois, M. Nolent fait appel à son ancienneté ; il occupera le poste.

Depuis deux jours, il y veille avec la plus grande vigilance, mais il est très ennuyé, il n'a jamais lancé de grenades au 17e, et tous les soirs, il y a combat. L'apprentissage est vite fait. Dans la nuit du 20, le combat est plus sérieux, les bombes s'en mêlent, voire même l'artillerie. Un 105 culbute notre barrage, tuant deux des défenseurs, blessant les deux autres, seul le caporal reste valide, il se relève et recommence son barrage. Cependant, M. Nolent est à côté, il arrive aux premières grenades. Il envoie le caporal me prévenir que la situation est grave. Après avoir donné l'ordre à quatre de mes meilleurs grenadiers de monter, je me précipite sur les lieux. M. Nolent a relevé les quelques sacs qui restaient à terre, il est debout au milieu des morts et des blessés, son couteau d'une main et une grenade de l'autre. Il venait de se révéler très bon grenadier.

« Les grenades, me dit-il, éclatent bien, mais on perd du temps à couper les ficelles. »

Enfin avec l'aide des quatre nouveaux grenadiers, nous parvenons à museler complètement les Boches.

Cependant cette situation des Boches en avant de notre première ligne ne pouvait pas durer. Il fallait enlever ce poste qui formait un T.

Cette mission est confiée à la 3e. Nous en sommes tous enchantés et particulièrement M. Nolent, qui faisait des plans d'attaque depuis qu'il y était. Les dispositions sont prises. Le 24, à 2 h. 30, M. Nolent commande le groupe de soutien près de notre barrage. Il a pour mission de renforcer les troupes d'attaque si elles fléchissent, ou en cas d'hésitation.

A 2 h. 45, le signal est donné ; à 2 h. 50, le poste est pris, sans un coup de fusil, les Boches ont fui en vitesse devant nos braves poilus.

Le nouveau barrage s'élève rapidement, mais les Allemands se sont ressaisis. Les grenades à fusil et les « minen » blessent un grand nombre des assaillants, les autres se replient sous la poussée de l'ennemi qui revient en nombre. Nous l'avons immédiatement aperçu ce recul. M. Nolent ne se fait pas répéter sa consigne, avec sa première demi-section, il se précipite en avant entraînant les hésitants ; le poste est repris et repris aussi la construction du barrage. Debout auprès de lui un homme donne des ordres et maintient chacun à sa place. Cependant les « minen » et les grenades à fusil ont recommencé à pleuvoir, un canon-revolver placé à 100 mètres, balaie le boyau, culbute les sacs à terre, et hélas, les blessés sont nombreux ; ils rendent même la circulation difficile. Je renforce avec la deuxième demi-section. A la lueur d'une fusée, je distingue la haute silhouette d'un homme qui tranquillement relève les sacs à terre, c'est M. Nolent.

Maintenant l'artillerie s'en mêle, nous recevons du 105 fusant ! Quel enfer ! Les Boches reviennent nombreux. Ils contre-attaquent sur une grande largeur, le petit poste de la compagnie de droite menace lui-même d'être débordé. La situation est critique. Je demande l'artillerie, mais en vain. Je lance alors une demi-section de M. Sageat, pendant que l'autre balaie la plaine. Une fois encore nous avons l'avantage.

Mais que devient M. Nolent ? Personne ne le sait ! M. Sageat est blessé et il ne l'a pas vu...

Blessé par une grenade, il tenait encore, mais un « minen » a éclaté à ses pieds, lui faisant des blessures affreuses. Sans déranger personne, il a eu le courage de se traîner dans les boyaux pour éviter de tomber entre les mains des Boches. *Je l'ai trouvé à huit mètres du nouveau barrage, aussi calme que s'il n'avait rien vu, rien fait. Pas une plainte ! Un mot : « Vous direz ma conduite à ma mère, n'est-ce pas que j'ai bien fait mon devoir ? ».*

Telle fut la fin de ce héros, de ce bon camarade pleuré de tous et dont le nom, chez les poilus, restera synonyme d'héroïsme.

En vous faisant parvenir ces quelques notes, je me permets de vous demander où en est l'entourage que doit offrir le 17e. Nous ne pouvons guère y déposer la palme et les couronnes avant cet entourage. D'ailleurs nous ne ferons rien désormais avant le prochain repos ; nous relevons après-demain.

Bien à vous.

Signé : Lieutenant NICOLAS.

***

Extrait d'une lettre du lieutenant-colonel Quatrehomme, commandant le 17e régiment territorial d'infanterie. Secteur postal n° 163.

Madame,

Dès les premiers jours qui ont suivi la mort glorieuse de notre ami Nolent, je voulais vous écrire pour vous dire toute la part que le 17e territorial, son ancien régiment, prenait à votre peine. Nolent était l'officier le plus connu et le plus aimé des soldats du régiment : c'est lui qui dirigeait notre journal, c'est lui qui organisait nos concerts et nos fêtes, c'est lui qui, comme avocat, assistait les malheureux que les nécessités de la discipline, nous obligent à envoyer devant le conseil de guerre. C'est vous dire, Madame, la grande place qu'il occupait au régiment, l'immense vide que sa disparition y a creusé et la profonde douleur que tous nous en ressentons encore...

Je vous envoie une lettre écrite à un lieutenant du 17e par le lieutenant commandant la compagnie de votre malheureux fils ; elle vous dira mieux que je ne pourrais le faire, comment il est mort, et surtout que sa dernière pensée avait été pour sa mère, voulant qu'elle sût que, même après sa mort, elle pouvait encore être fière de lui : « Vous direz à ma mère comment je suis mort, et que j'ai bien fait mon devoir. »...

Je vous prie de croire, Madame, à la grande part que je prends à votre peine, et à ma bien respectueuse sympathie.

Lieutenant-colonel,
QUATREHOMME.

***

L'hommage du 17e Territorial à Eugène Nolent.

Si quelque chose peut ajouter encore aux regrets unanimes qu'a laissés la mort de M. Eugène Nolent, tué à l'ennemi, c'est bien le touchant hommage qui lui a été rendu par ses compagnons d'armes eux-mêmes, dans l' « Echo des Tranchées », journal du 17e territorial, numéro du 1er mars 1916.

On lira avec émotion l'article qu'ils ont consacré au vaillant officier :

« Nolent est blessé mortellement. Nous nous sommes répétés de proche en proche la nouvelle, consternés. Il nous semblait éprouver une émotion plus poignante encore pour lui que pour tant d'autres camarades tombés avant lui. »

Nous l'avions, en effet, avec nous depuis le début de la guerre, à peine venait-il d'être nommé au 410e. *Pour* tous il était l'image de la bravoure, sachant, aux heures les plus mornes du combat, lui garder son panache, relever par sa prestance et son entrain tous les courages.

Dès notre première affaire, en septembre 1914, il gagnait sa croix de guerre : atteint d'un projectile au bras, il était demeuré à la tête de sa section, où nombreux déjà se comptaient les blessés et les tués.

Dernièrement, pendant la nuit, un de ses postes est assailli ; deux hommes tués, deux blessés, le cinquième est venu l'avertir. Les renforts, en arrivant, trouvent Nolent, revolver au poing, qui, à lui seul, tenait en respect l'adversaire.

Cet acte d'éclat lui valut d'être proposé pour une citation à l'ordre de l'armée, quand, à quelques jours de là, il reçoit la mission d'enlever un petit poste ennemi. La tranchée rapidement occupée est aussitôt écrasée de projectiles par ceux qui l'ont perdue, une torpille éclate qui mutile Nolent effroyablement ; il en meurt 36 heures après.

La belle humeur de Nolent lui avait concilié la faveur du régiment. Dans les périodes de repos, il était l'organisateur des séances récréatives ; et quand cet « Echo des Tranchées », fait pour soutenir notre gaîté, eut besoin d'une direction, c'est à lui qu'elle échut tout naturellement.

Il devait la variété, l'abondance de son esprit à des goûts très affinés. Ses compagnons d'existence savent que dans ses loisirs pleins d'attente que laisse au fond des abris la garde des tranchées, il aimait à faire du grec. Mais, quand surgissait, dans nos conversations, un sujet d'intérêt actuel, il témoignait sous sa verve coutumière d'une intelligence sagace et informée.

Nous devinions à la sensibilité dont témoignaient ses goûts et toutes ses façons d'agir un fond de tendresse active. Nous avons su l'étroite confiance qui unissait à sa mère ce fils, en qui la sollicitude dont elle l'entourait, put donner de si beaux fruits. Et nous tenons à lui dire respectueusement que sa douleur est la nôtre.

Un pareil témoignage honore à jamais la mémoire de M. Eugène Nolent. L'arrondissement de Pont-Audemer, son pays natal, peut être fier de lui.

⁂

Hommage du Barreau de Paris.

Le Barreau de Paris est cruellement frappé depuis le début de la guerre. Plus de cent avocats sont tombés au champ d'honneur.

Parmi tous ces jeunes héros qui ont donné leur vie, avec une bravoure souriante, pour le salut de la patrie, il faut faire une place au premier rang à Eugène Nolent.

Il avait trente-sept ans... Au Palais nous l'aimions tous. J'avais pu apprécier son talent et son cœur. Il était brave, loyal et généreux. On ne pouvait le connaître sans être séduit par sa rare distinction et par le charme de sa belle intelligence nourrie d'une forte culture classique.

Ses camarades l'avaient élu président de la conférence Molé.

Il avait été secrétaire de Maurice Barrès.

Chroniqueur d' « Excelsior », il montra dans ses articles de remarquables qualités d'écrivain.

Il faillit être député : il eût fait belle figure au Parlement.

Depuis de longs mois, Nolent était au front, faisant courageusement son devoir. Pendant une courte permission, il y a quelques semaines, il était venu me voir. J'avais admiré son entrain, sa belle humeur, sa jolie bravoure bien française.

Sergent au moment de la mobilisation, il avait conquis rapidement les galons de sous-lieutenant.

Le 21 février, il commandait une section qui eut à subir une très forte attaque allemande. Nolent réussit par sa bravoure à maintenir ses hommes et à repousser l'ennemi. Deux jours après, au moment où il allait contre-attaquer à la tête de sa section, il fut frappé par une torpille. On le releva les pieds coupés, les bras cassés, une partie du bassin enlevée. Le 25 février, il mourait.

Il repose dans le petit cimetière de Somme-Suippes, où dort déjà un autre de nos amis, l'héroïque et charmant Paul Viven...

Cher Nolent ! Je songe à la douleur de sa pauvre maman dont il était l'espoir et l'orgueil.

Dans la maison de Pont-Audemer, toute pleine de souvenirs du cher disparu, au-dessus du portrait de son fils bien-aimé, elle aura la suprême consolation de placer la croix de guerre avec palmes qui rappellera la glorieuse citation à l'ordre de l'armée, et la croix de la Légion d'honneur que le général vint apporter à celui que nous pleurons...

HENRI-ROBERT,
Bâtonnier.

***

Allocution de M. Paul Beauregard.

Messieurs,

La tradition s'est conservée, dans certaines maisons d'enseignement, de faire, pendant le repas, la lecture d'un chapitre de la « Vie des Hommes illustres » de Plutarque, ou d'une vie de saint. Pour peu que la guerre effroyable qui désole le monde dure encore, la tradition s'établira d'elle-même, pour votre président, de consacrer son habituelle allocution aux gestes héroïques de notre Union.

Je saluais, le mois dernier, en votre nom, notre ami le commandant Bourdel, cité à l'ordre du jour de l'armée pour sa belle conduite ; un autre de nos amis, Eugène Nolent, a, lui aussi, mérité l'honneur d'une citation à l'ordre. Pourquoi faut-il que le tribut d'affectueuse admiration que nous lui devons ne puisse, hélas ! s'adresser qu'à sa mémoire ?

Grièvement blessé à Souain, en Champagne, au cours d'un combat à la grenade, le sous-lieutenant Nolent avait été cité à l'ordre de l'armée et décoré de la croix de guerre pour avoir conservé le commandement de sa section, malgré sa blessure. Transporté à l'ambulance de Somme-Py, il y est mort peu après avoir reçu des mains de son général, la Croix de la Legion d'honneur.

Petit-fils d'un industriel de Pont-Audemer, Nolent était inscrit au barreau de Paris. Ancien président de la conférence Molé, la politique l'attirait et il avait pris part, de très bonne heure, à nos luttes électorales, menant, à Paris et en province, avec une admirable vaillance et une belle énergie, la campagne en faveur des idées libérales.

Il avait failli être élu député, au mois de juillet 1911, dans son pays d'origine où il s'était présenté sous le patronage et avec l'appui de l' « Union du Commerce et de l'Industrie ». Il nous a été donné alors de nous rendre compte par nous-même de quelles chaudes sympathies il était entouré dans toute la contrée.

Aujourd'hui, amis ou adversaires fondus dans l'Union sacrée s'inclinent devant la mort glorieuse de ce jeune homme de talent et d'avenir. Puisse l'unanimité de ces sentiments apporter quelque soulagement à la douleur d'une mère dont il était la consolation et la fierté. (Vifs applaudissements.)

Obsèques d'Eugène Nolent

Le dimanche 17 avril 1921, à quatre heures, ont eu lieu à Pont-Audemer, au milieu d'une énorme affluence, les obsèques de M. Eugène Nolent, avocat à la Cour d'appel de Paris, sous-lieutenant au 17e régiment territorial d'infanterie, versé au 410e régiment d'active, décoré de la Croix de guerre avec palme et chevalier de la Légion d'honneur.

Le cortège, précédé des tambours et clairons de Manneville-sur-Risle, comprenait en outre la plupart des autorités locales, ainsi que des délégations des « Anciens Combattants », du « Souvenir Français », des « Femmes de France », etc., etc. Ce cortège comprenait plus de 1.200 personnes.

***

Discours de M. Failliot.

Au cimetière, M. Failliot, premier adjoint, a le premier pris la parole en ces termes :

« Mesdames, Messieurs,

« Je viens, au nom de la ville de Pont-Audemer et de mes collègues du Conseil municipal, apporter au lieutenant Eugène Nolent le témoignage de notre respectueuse affection et m'incliner profondément devant sa famille, dont la douleur est la nôtre.

» Eugène Nolent, né à Bernay le 12 mars 1878, appartenait à notre ville par sa famille, par ses amis, par ses affinités, par son cœur.

» C'est ici qu'il a passé sa jeunesse, qu'il a fait ses premières études, qu'il a acquis toutes les belles qualités qui devaient faire de lui l'homme que nous regrettons aujourd'hui.

» Pendant l'effroyable tourmente, nous avons tous cruellement ressenti les deuils qui venaient nous frapper, mais nous n'avions pas le temps, dans ce cauchemar, de mesurer les vides qui se creusaient autour de nous.

» Ajourd'hui, nous sentons mieux, hélas ! les pertes irréparables que nous avons faites, et nous pleurons, non seulement les amis disparus, mais les hommes en qui la France pouvait mettre ses espoirs pour panser ses blessures, les hommes qui auraient trouvé dans l'amour même qu'ils avaient voué à leur pays, les forces dont il a besoin pour relever ses ruines, pour profiter de la victoire qu'ils lui ont si durement conquise.

» Eugène Nolent était de ceux-là.

» Il avait trouvé dans sa famille tous les principes qui font les cœurs généreux, capables de se dévouer à leur pays. Son grand-oncle, Charles-Elie Nolent, qui l'avait élevé, avait, en 1870, assumé à Pont-Audemer la charge des services municipaux, dans sa propre maison.

» Se souvenait-il de cela, quand il est parti en août 1914, avec toute sa belle ardeur, son courage souriant ?

» Avait-il entendu conter chez lui les malheurs de l'invasion ?

» C'est probable ; et pour que le sol de son pays ne soit plus souillé par le pas brutal de l'étranger, il est parti avec la ferme volonté de faire tout son devoir, plus que son devoir.

» Parti avec le 17e territorial, blessé une première fois en 1914, il passe sur sa demande au 410e régiment d'active. Il fut, dans cette terrible guerre, un chef dans toute l'acception du mot, c'est-à-dire celui qui non seulement partage les fatigues de ses soldats, mais qui sait encore les remonter aux moments les plus critiques, leur cacher ses angoisses et ne leur parler que de ses espoirs.

» Il est mort en héros, en plein combat, face à l'ennemi. Ses chefs lui ont donné la croix de la Légion d'honneur, ses soldats l'ont pleuré.

» C'est pourquoi nous sommes tous venus aujourd'hui, désireux de lui témoigner nos douloureux regrets.

» Qu'il dorme en paix, ici, proche de ses camarades, dans ce cimetière où notre respectueuse piété nous ramène toujours.

» Lieutenant Eugène Nolent, Pont-Audemer en deuil, tout ému, s'incline devant votre tombe. »

***

Discours de M. Aussy.

Le second orateur, M. Aussy, avocat à la Cour d'appel de Paris, ami d'enfance du défunt, prit la parole en ces termes :

« Madame, Mesdames, Messieurs,

« Comme ami personnel d'Eugène Nolent et au nom des anciens officiers du 17e régiment d'infanterie territoriale et du 410e régiment d'active, j'apporte à notre regretté camarade le témoignage ému de notre affection et de notre inaltérable admiration.

« Eugène Nolent, par ses éminentes qualités de cœur et d'intelligence, par son inflexible droiture, par sa puissance de travail, par son éloquence et son ardent patriotisme, était de ces hommes supérieurs, de ces natures d'élite qui font le plus grand honneur à notre petite patrie normande.

« Il était mon ami de collège, et tous mes condiciples se rappellent ses brillantes études qui lui permirent d'affronter avec les meilleures notes, les épreuves du baccalauréat, de pousser jusqu'à la licence ès-lettres et de préparer même l'agrégation de philosophie

« Mais sa vocation l'appelait au barreau. Ses débuts y furent remarquables et le firent choisir par ses confrères de la Cour d'appel de Paris comme secrétaire de la conférence des avocats, en même temps qu'ils lui valurent la confiance de l'un de nos plus éminents maîtres, dont il devint le collaborateur et l'ami.

« Nolent jouissait au Palais de l'estime de tous ; déjà il y occupait une situation enviée et le plus bel avenir s'offrait à lui, quand la guerre éclata.

« Il partit dans les premiers jours et, je dois le déclarer hautement, dans son rôle de combattant et d'officier, il se montra, partout et toujours, à la hauteur de sa tâche. Officiers et soldats, qui l'ont connu, sont unanimes à conserver le souvenir de sa bravoure, de son entrain, de sa cordiale gaieté, et aussi du souci qu'il avait, dans les circonstances les plus périlleuses, de remplir tout son devoir et de donner à ses camarades de combat le plus bel exemple de sang-froid, de volonté réfléchie et d'abnégation poussé jusqu'au sacrifice.

« Au commencement de janvier 1916, je débarquai en Champagne, dans cette partie désolée et ravagée de la Champagne pouilleuse, située entre Souain, Somme - Suippe et Tahure. C'est là que je retrouvai Eugène Nolent, sous-lieutenant au 17e territorial.

« J'eus la chance d'être justement placé dans sa compagnie et ce fut pour moi une joie bien douce de revoir mon ami d'enfance et de renouer avec lui les liens d'une amitié qui se promettait de durer et qui aurait duré, si les circonstances nous l'avaient permis.

« Dès les premiers moments, je sus par mes hommes, car les hommes jugent parfaitement les officiers, que Nolent était universellement aimé et estimé par eux, parce que brave, parce que prenant toujours soin de leur sécurité et de leur bien-être, parce que juste et bienveillant pour tous.

« Quand le régiment était au repos, Eugène Nolent plaidait devant les Conseils de guerre, et avec quel talent avec quelle ardeur, avec quelle conviction ! Nombreux sont ceux qu'il a arrachés à la rigueur un peu sommaire de la justice militaire, nombreux sont ceux même qu'il a préservés d'erreurs judiciaires irrémissibles et qui, de ce fait, lui doivent la vie. J'ai vu les lettres de reconnaissance qu'il recevait ; certaines d'entre elles vous tireraient encore des larmes. Ah ! si les poilus qu'il a ainsi défendus savaient les devoirs que nous lui rendons aujourd'hui, ils seraient de cœur avec nous pour honorer la mémoire de leur bienfaiteur.

Je partageais sa cagna et, les heures où il n'était pas pris par le quart ou par la préparation de ses plaidoiries ou par la rédaction de l'*Echo des Tranchées* (car il était le premier à avoir fondé à l'usage des poilus, un journal réellement rédigé et imprmié au front), il les passait, lui, fin lettré, à lire Homère, dans le texte grec.

« Une âme aussi belle était bien faite pour comprendre Homère et il allait lui être donné d'accomplir lui-même des actions d'éclat dignes de passer à la postérité et auxquelles il ne manque qu'un Homère pour les chanter.

« Aux attaques de septembre 1915, les régiments d'active avaient perdu beaucoup de leurs officiers et, pour les remplacer, on faisait appel à des officiers de la territoriale.

« Au commencement de février 1916, Nolent passe au 410e d'active, avec lequel nous faisons brigade et qui occupe les lignes à proximité de la butte de Souain et de Tahure, à un endroit désigné sous le nom de « Champognon ».

« C'est là que, peu de temps après son arrivée à son nouveau régiment, il va, une nuit, subir une violente attaque ennemie, au cours de laquelle il est mortellement blessé.

« Dès que le bombardement effroyable qui précède toute offensive et qui a pour but de bouleverser nos travaux de défense a cessé, Nolent, maître de lui-même et conscient du grand devoir qui lui incombe, se précipite avec ses hommes à la défense de la tranchée ou de ce qui a été la tranchée, car le sol est retourné et pour ainsi dire nivelé.

« Avec ses hommes unis à lui par des liens de la plus entière confiance, il fait courageusement face à l'assaillant. De part et d'autre, c'est un jet précipité de grenades, dont les explosions, la nuit, sont encore plus terrifiants. Sous la violence de l'assaut, Nolent redoute un fléchissement : « Ne reculons pas, dit-il », et donnant l'exemple, il reste sur place. Contre l'ennemi, presque à bout portant, il décharge son revolver ; ses chargeurs vides : « Passez-moi des grenades », dit-il, et, sans céder un pouce de terrain, il reste là, grand et sublime sous les coups acharnés de l'ennemi, constituant pour ainsi dire avant la lettre le symbole vivant de ces paroles à jamais célèbres : « On ne passe pas ». Chaque grenade qui tombe à ses pieds lui cause des blessures, il ne semble pas s'en soucier et il continue à lancer des grenades et il en lancera toujours jusqu'à l'extrême limite de ses forces, jusqu'à ce que épuisé, meurtri, couvert de boue et de sang et tombant les jambes brisées, on l'enlève mourant du champ de bataille.

« Je le vois, quelques heures après. Je ne me fais aucune illusion sur son état. Il a conservé toute sa lucidité et il me dispense de le rassurer :

« Tu connais mes convictions, dit-il avec le plus grand calme, la mort ne me fait pas peur. Ecris simplement à ma mère que je suis blessé. »

« A l'ambulance, le général de la division vient lui remettre la croix de la Légion d'honneur et le 26 février, il s'endort de son dernier sommeil.

« Et, Madame, après avoir annoncé la blessure, j'eus la pénible mission de vous apprendre la mort de votre cher fils, et, à quelque temps de là, de vous accompagner sur sa tombe à Somme-Suippe.

« Et maintenant, suivant votre désir et le sien, il va reposer dans sa terre natale.

« Madame, il y a des douleurs qu'aucune parole humaine ne saurait panser. Vous êtes, vous aussi, croyante. Elevez vos yeux au-dessus de ce triste cercueil, vain témoin de l'être chéri que vous pleurez, et songez que des splendeurs éternelles votre fils vous regarde et vous sourit.

« Adieu, mon cher Nolent, repose en paix dans la terre de tes aïeux. Qu'elle te soit légère !

« Tu fus un bon fils, tu fus un ami sûr, tu fus un grand cœur, tu aimas ta patrie au point de mourir pour elle. Gloire et honneur à toi ! Que ta mémoire soit à jamais bénie !

« Et moi, ton vieux camarade et ami, je m'incline respectueusement devant tes restes glorieux pour t'adresser du fond du cœur l'expression de mes regrets les plus fidèles et les plus affectueux. »

∴

Discours de M. Rabasse.

M. Maurice Rabasse, conseiller d'arrondissement, maire de Saint-Etienne-l'Allier, a pris la parole en ces termes :

« J'apporte sur cette bière l'hommage douloureusement attendri des amis d'Eugène Nolent et de ses anciens camarades du 17e territorial.

« Je ne peux pas me rappeler sans une émotion profonde ce triste soir de février 1916 où, dans l'obscurité d'un abri de tranchée, sous la terre crayeuse de Champagne, quelqu'un subitement laissa tomber ces paroles qui me bouleversèrent : « Le lieutenant Nolent est gravement blessé ». Je l'avais quitté peu de semaines auparavant, frémissant de vie, impatient de déployer ses forces et, par sa belle humeur, semblant défier le Destin. Et voici que le Destin l'avait terrassé comme tant d'autres ! Je ne voulais pas croire à l'affreux malheur, mais il me fallut bien laisser toute espérance, lorsqu'on m'eut confirmé au poste de secours par lequel il était passé, que ses blessures étaient mortelles. Il n'appartenait plus depuis un mois au 17e territorial, mais il n'y avait laissé que des sympathies, et en entendant tous ces hommes, dont beaucoup ne le connaissaient pas avant la guerre, s'apitoyer sur le sort de l'officier blessé avec une chaleur d'expression qui témoignait de leurs sentiments intimes, je songeais plus douloureusement encore, moi qui le connaissais depuis toujours, à l'ami délicieux dont le cœur avait déjà peut-être cessé de battre. »

L'orateur évoque à son tour la jeunesse studieuse, la vivacité d'esprit du défunt :

« Au sortir du collège, après qu'il eut conquis ses premiers diplômes, les lettres et surtout la philosophie le séduisirent un instant. Mais il n'était pas fait pour la vie spéculative et sédentaire du savant ou du professeur. Son tempérament le portait à l'action, surtout par la parole dont il avait reçu le don merveilleux. Déjà remarqué par un de nos contemporains les plus illustres. M. M. Barrès, dont il était devenu le secrétaire. Il n'hésita pas, sous l'aiguillon d'une conviction ardente, à se jeter dans la mêlée des passions qu'avait déchaînées une affaire tristement célèbre, pour prendre la défense de l'armée violemment attaquée. Puis, il se fit inscrire au Barreau.

« Ses premiers discours à la conférence du stage et à la conférence Molé-Tocqueville, dont il devait devenir le président, révélèrent à ses confrères les richesses et la puissance d'un talent oratoire qui promettait les plus beaux fruits. *Excelsior*, dans le même temps, sollicita sa collaboration et lui offrit la rubrique de la « Vie Judiciaire » qu'il accepta et conserva jusqu'à la guerre avec un succès croissant. Ses confrères du barreau, ses collègues de la presse n'appréciaient pas moins que son talent l'étendue de son savoir et cette admirable générosité du cœur qui ajoutait tant de charme au commerce de son esprit.

« Bientôt il ne compta plus ses amis : ce fut le palais tout entier. Du bâtonnier au plus humble stagiaire, tous les familiers de l'immense vaisseau connaissaient la silhouette élevée de ce beau garçon, aux proportions harmonieuses, au regard franc et droit, au geste affectueux et cordial que ses confrères se plaisaient à entourer pour l'entendre conter avec grâce une anecdote ou disserter avec élégance sur les événements du jour. Rien n'est plus significatif de l'estime et de l'affection qu'il s'était acquise au palais que le nombre et la qualité des regrets qu'a suscités sa mort et qui sont la fierté douloureuse de sa mère infortunée. »

M. Rabasse parle ensuite de la carrière politique de M. Nolent :

« Et ce fut la guerre. Il la prévoyait et il la dénonçait depuis longtemps, mais les gens raisonnables ne voulaient pas croire à ces sinistres oracles. Les gens raisonnables n'ont-ils pas toujours lapidé Cassandre !

« Le même régiment nous réunit : le 17e territorial.

« Blessé par une balle en septembre dans la Somme, aux sanglants combats de Ginchy et de Lesbeufs qui décimèrent le régiment, Nolent refusa de se faire évacuer. Il en fut récompensé plus tard par une citation et la croix de guerre. Mais déjà, dans ce milieu nouveau, ses belles qualités naturelles avaient exercé leur attraction et l'on ne vantait pas moins la culture de son esprit et le charme de sa conversation que son calme courage devant le danger. « Pour tous, écrivait « au lendemain de sa mort l'un de ses « camarades, il était l'image de la « bravoure, sachant aux heures les « plus mornes du combat lui garder « son panache, relever par sa pres- « tance et son entrain tous les coura- « ges. »

« Mais ce qui acheva de lui concilier la faveur du régiment, ce furent ses plaidoiries au Conseil de guerre. Cela se passait aux hasards des cantonnements, dans une salle de ferme ou d'auberge, dans une baraque Adrian, sous un hangar. Trois tables, quelques chaises, une escouade en armes, c'était tout l'appareil de la justice aux armées. L'accusé était introduit parfois encore tout couvert de la boue des tranchées. Il s'exprimait avec embarras, tenaillé par a crainte du terrible Code de justice militaire. Mais son défenseur était là pour éclairer ses juges et les attendrir. Nolent dans ce rôle était incomparable. Il avait des mouvements d'éloquence si chaleureux et si émouvants que l'assemblée, pendant qu'il parlait, ne semblait vivre que du seul rythme de son verbe tumultueux quelquefois, le plus souvent caressant et attendri. Un jour, en Champagne, un homme était poursuivi pour abandon de poste en présence de l'ennemi. Le parquet militaire escomptait tellement une condamnation à mort, qu'il avait choisi d'avance l'emplacement du poteau d'exécution. Nolent plaida pour lui et sauva sa tête. Ce fut un de ses derniers succès. »

Très éloquemment, l'orateur retrace la mort du héros.

Il termine en ces termes :

« Oui, mon cher Nolent, tu as fait magnifiquement ton devoir et tu peux reposer en paix dans le tombeau des tiens, comme tu l'as désiré, au penchant de cette colline qui regarde ta ville familière. Ce n'est pas seulement parmi les Poilus, témoins de ta vaillance et de ta mort, que ton nom restera synonyme d'héroïsme, c'est dans le pays tout entier. Tu l'aimais ce pays d'un amour passionné et tu savais merveilleusement en traduire dans la paix les sentiments, les aspirations, le génie. Tu en as réalisé dans la guerre la volonté farouche, indomptable de résistance et de victoire. Tu as sacrifié ta vie pour qu'ils ne passent pas. Ils ne sont pas passés et nous avons eu la victoire que tu annonçais depuis toujours. Hélas ! tu ne l'as pas vue fleurir ; tu n'as pas goûté à ce fruit d'aurore. Tu es tombé dans les ténèbres de la bataille. Mais de songer que du moins ton sang généreux n'a pas coulé en vain rend moins amère en ce jour, où ils te saluent pour la dernière fois, le chagrin de tes amis, moins pesante aussi, j'en suis sûr, la douleur de celle dont le doux nom fut le dernier que tu prononças et qui serait la plus désespérée des mères si elle n'avait les assurances de sa foi. »

***

Discours de M. Tonnay.

Président honoraire de l'Association de la Presse judiciaire du Palais à Paris et secrétaire du Comité de Direction des Associations de presse de France, M. Tonnay est venu remplacer le président, M. Troismaux, malade, et pour honorer l'armée, il avait revêtu le costume militaire, ayant fait la guerre de 1870 et de 1914.

Il a très éloquemment dit combien l'union sacrée était pratiquée même avant la guerre par tous ses confrères réunis dans une vie commune journalière et représentant toutes les opinions politiques et sociales, rappelant comment au front Nolent l'avait pratiquée lui-même.

Avec un souvenir ému, il a rappelé le Congrès des journalistes de France en 1908 à Berlin où ils étaient ensemble et qui fut pour Nolent, qui connaissait admirablement la langue, ayant fait une année d'études philosophiques à Leipzig, un enseignement profond et si souvent décrit dans ses conférences à Paris et dans son pays.

Au début de la guerre, dans les tranchées, Nolent faisait des articles dans *Excelsior*, parlant du panache de la France, excitant ses hommes à la bravoure et au patriotisme.

Puis prenant une palme ornée d'un ruban tricolore, qu'un sous-officier s'était chargé de porter, il l'a déposée sur les fleurs qui ornaient les glorieuses dépouilles, en disant : « Cette palme, quoique modeste mais en bronze, ne pèsera pas sur son cœur. »

Ayant vu dans les souvenirs de famille le sabre de Nolent, c'est avec ce sabre tiré du fourreau qu'il adresse le suprême adieu.

Tous les assistants s'inclinent et toutes les sociétés représentées s'unissent à lui par le salut militaire, tout cela suivi d'une sonnerie de clairons sonnant « Aux Champs » et la foule émue et recueillie s'écoule lentement.

EUGÈNE NOLENT

Il n'est pas trop tard pour parler de lui, de l'ami qui n'est plus, et qu'un long cortège d'anciens condisciples a conduit l'autre dimanche à sa dernière demeure.

Nous l'avions connu sur les bancs de l'école et nos pupitres se touchaient, c'est assez dire qu'il nous fût donné d'apprécier dans le bambin d'alors l'être exquis et bon qu'il devait être plus tard à l'âge viril.

Et c'est vrai, ainsi que le rappelait d'ailleurs dimanche un des orateurs, il était difficile de trouver un ami plus sûr, un être mieux doué, une âme mieux trempée que la sienne.

Lui qui lisait Homère dans le texte grec, en fin lettré qu'il était, et pour oublier par quelques minutes de rêve l'atroce réalité des choses, nous écrivait du front d'Hannescamps, à la date du 14 janvier 1915, ce qui suit : « On passe son temps à monter la garde, à être en faction avec nos hommes deux jours sur quatre dans des tranchées inondées que nous épuisons comme le nautonnier défend avec son écope son embarcation contre l'envahissement du flot ; dans ces conditions, on n'a guère le temps d'échanger avec les Muses qui te sont chères, que des baisers aussi rapides qu'inféconds... »

Il lui était donné de passer dans la tourmente effroyable et d'y rester sanglant jusqu'à la dernière minute, et jamais croix de la Légion d'honneur n'a été mieux épinglée que sur sa poitrine.

Il repose, enseveli dans les plis du drapeau tricolore, magnifique et suprême linceul, digne de ces héros d'Homère dont il s'est inspiré, et qui lui ont légué leurs enseignements héroïques.

Adieu, Nolent ! que la terre où tu reposes, cette terre natale où tu rêvais de dormir un jour, parmi les tiens, te soit très douce, à toi, le doux rêveur du beau passé hellénique, et qu'à la couronne de lauriers qui fleurit maintenant ton front, le printemps en fleurs tresse son immortelle couronne de roses.

Et que les Muses dont tu parlais naguère, bercent ton long sommeil de leur baiser de rêve.

J. LEROY.

Suprême hommage à Eugène Nolent.

Dans le cimetière Saint-Ouen, sur la tombe où dort de son dernier sommeil celui qui fut un délicat et un tendre parmi les tendres, un ami sincère et un grand cœur, sur la sépulture familiale d'Eugène Nolent, un monument s'élève.

C'est l'hommage de ses admirateurs et de ses amis.

Dans un bloc de marbre, dont la blancheur de neige fait songer aux lys nouvellement éclos, les traits délicats de notre ami sont maintenant gravés à jamais, et l'artiste qui a fouillé la pierre a su rendre la grâce souriante de l'ami disparu.

C'est bien lui, en effet, dans cet uniforme de lieutenant du 410e d'active qu'il revêtait à la minute suprême, et cette croix qui étoile sa poitrine raconte à elle seule l'épopée qui termina sa vie et marque l'endroit d'un cœur qui n'a jamais battu que pour de nobles causes.

Nolent aimait sa Patrie puisqu'il lui fit le sacrifice de sa vie, mais il avait aussi une affection profonde pour la « Petite Patrie », pour celle qu'on n'emporte pas à la semelle de ses souliers ; j'en prends à témoin les lignes qu'il écrivait alors :

« Du sol où nous sommes nés, nos ancêtres reçurent leur directive, et nous la transmirent, du sol sur lequel nous vivons, nous avons appris nos conceptions morales de la famille et de la propriété...

« Pour faire vivre et aimer sa province, il faut en un mot vivre avec elle et l'aimer simplement ».

Nolent aimait sa province, cette « Petite Patrie » qui avait assisté à l'éclosion de ses rêves d'enfant, et son plus cher désir, maintenant exaucé, était de dormir dans ce cimetière de notre ville où reposent les siens.

Nature délicate, doué d'un remarquable esprit d'observation, il était aussi un poète possédant au plus haut degré cette faculté d'abstraction qui fait les poètes et les artistes et que nous révèlent les lignes suivantes écrites par lui sur les charités normandes, extraites de l'*Idée*, où il collabora avec Barrès et tant d'autres :

« Chanson poétique, monotone et grêle des tintenelles en novembre, dans un chemin creux qu'abritent des arbres dépouillés et que tapissent l'or bruissant des feuilles mortes, clarté pâle et parfumée des torches qui perce les brouillards bleus de lueurs tremblantes ; vous arrêtez le passant sur le bord de la route, vous arrachez un soupir à la terre qui semble dormir... »

En écrivant ces lignes à la mémoire d'un ami très cher et d'un ancien condisciple, je me suis fait l'interprète du groupe d'amis qui ont voulu honorer sa mémoire en lui élevant ce mausolée ; leur modestie m'empêche, seule, de les nommer ; j'ai voulu aussi honorer, une fois de plus, le grand talent qu'il était ; je l'ai fait, comme il l'écrivait lui-même : « avec le sentiment [illegible] auprès d'une tombe encore ouverte, quand la terre va couvrir pour jamais ce qu'on aime, et qu'on fait avec la dernière prière, un suprême salut et un suprême adieu. ».

23 Octobre 1921.

J. Leroy.